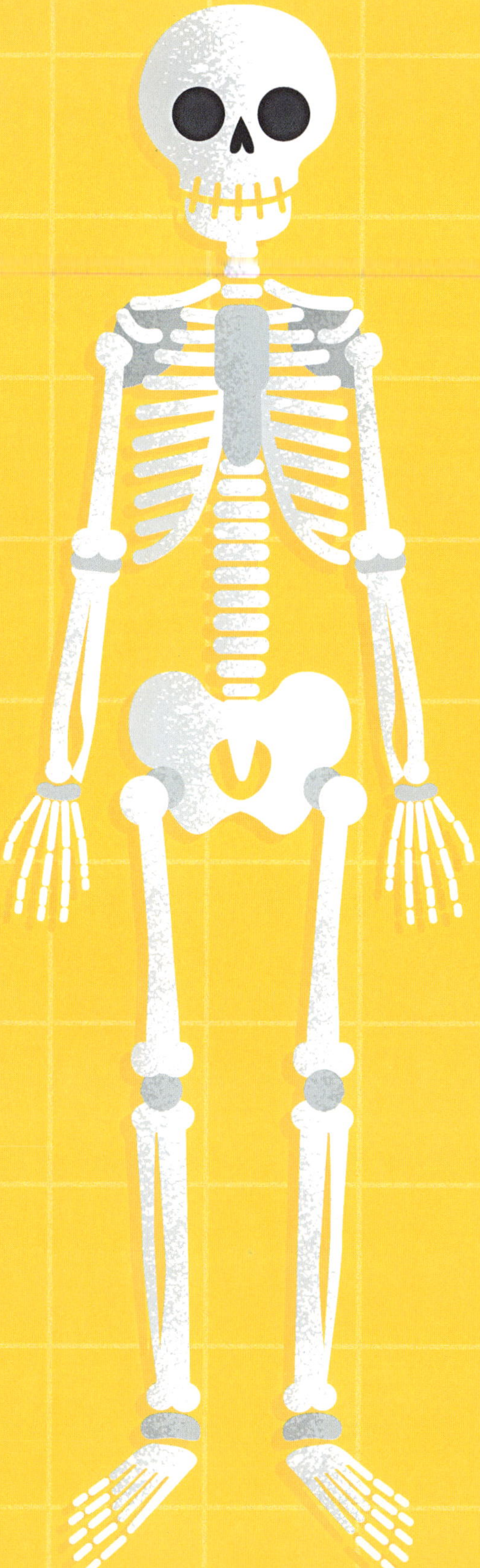

초등학생이 알아야 할

우리 몸 100가지

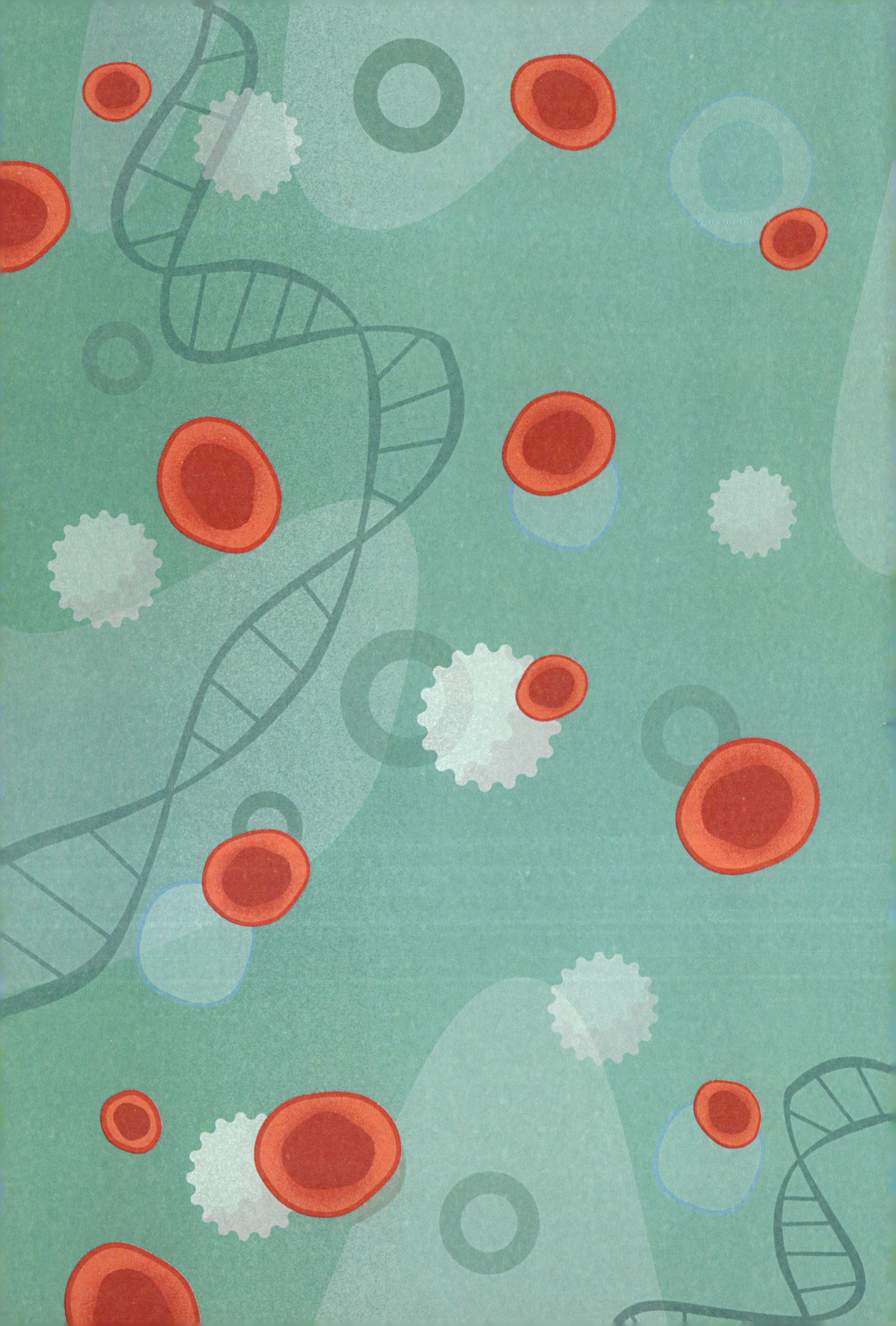

초등학생이 알아야 할

우리 몸 100 가지

알렉스 프리스, 미나 레이시,
조너선 멜모스, 매튜 올덤 글

페데리코 마리아니, 대니 슐리츠 그림

매튜 브롬리, 프레야 해리슨,
렌카 흐레호바, 비키 로빈슨 디자인

크리스티나 라우스 박사 감수 · 이한음 옮김

1 우리는 사는 동안 23년을…

잠을 자며 보낼 거예요.

그리고 평생 지구 **세 바퀴**만큼 걷거나 휠체어로 이동할 거예요.

우리 몸의 심장은 **25억 번** 뛸 거예요.

허파는 **6억 5,000만 번** 숨을 쉴 거고요.

우리는 **10만 번** 넘게 꿈을 꿀 거예요.

머리카락은 **950킬로미터**까지 자랄 거예요. 이 길이는 파리에서 런던까지 오가는 거리지요.

코털은 **2미터**까지 자랄 거예요.

손톱은 **2.5미터**까지 자랄 거고요.

우리는 화장실에 **15만 5,490번** 갈 거예요.

하루에 6번을 간다면 일주일에는 42번이니까 일 년에는… 윽, 급해!

침은 유조차의 기름통을 가득 채우고도 남을 만큼 많이 나올 거예요.

우리는 살기 위해 약 **7만 2,000리터**의 물을 마셔야 할 거예요.

피부에서 떨어지는 각질은 **45킬로그램**이 넘을 거예요. 큰 개의 몸무게 만큼이지요.

평생이 몇 년인지 궁금하다고요? 이 책에서는 현재 세계 평균 수명인 **71세**를 평생이라고 해요. 하지만 어떤 과학자들은 지금 자라나는 어린이들이 **150세**까지 살 수도 있을 거라고 생각해요. 그건 우리 몸이 이 책에 나온 것보다 훨씬 더 많은 일들을 하게 된다는 뜻이지요.

2 사람은 숨을 최대한 길게 참으면…

20분까지 버틸 수 있어요.

대부분의 어른은 30초에서 1분까지 숨을 참을 수 있어요. 반면에 프리다이버는 스노클이나 공기통 등의 수중 호흡용 장비 없이 잠수하는 훈련을 받고 그보다 20배 더 길게 숨을 참을 수 있어요.

프리다이버는 잠수하기 전에 몸의 긴장을 완전히 풀어요. 그러면 산소를 덜 쓰게 되고 심장 박동도 느려지지요.

프리다이버는 산소를 들이마시고 이산화탄소를 내쉬려는 강한 충동을 어떻게 참는지 배워요.

3 눈 깜박할 사이는…

생각보다 빠르지 않아요.

눈을 깜박이는 데는 평균 3분의 1초가 걸려요. 하지만 눈꺼풀은 사실 아주 빨리 움직이는 게 아녜요. 속도로 나타내면 시간 당 0.8킬로미터(km/h)로, 거북이 걷는 속도의 2배에 불과하지요. 우리 몸에서 일어나는 다른 일들의 속도는 어떨지 알아볼까요?

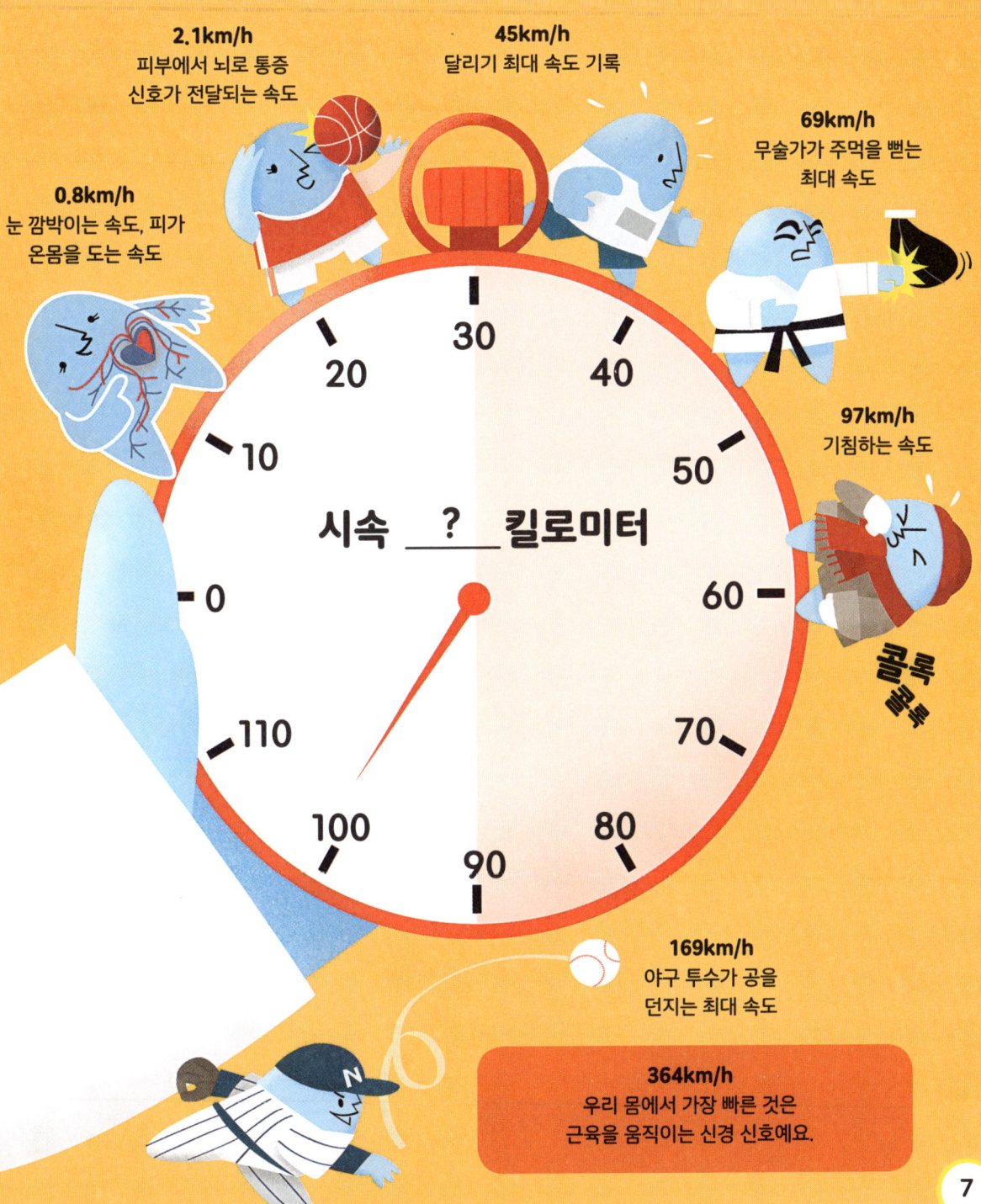

2.1km/h 피부에서 뇌로 통증 신호가 전달되는 속도

45km/h 달리기 최대 속도 기록

69km/h 무술가가 주먹을 뻗는 최대 속도

0.8km/h 눈 깜박이는 속도, 피가 온몸을 도는 속도

97km/h 기침하는 속도

시속 ___?___ 킬로미터

169km/h 야구 투수가 공을 던지는 최대 속도

364km/h 우리 몸에서 가장 빠른 것은 근육을 움직이는 신경 신호예요.

4 우리 몸은 하나로 연결돼...

열 가지 체계로 생명을 유지해요.

세포, 호르몬 등 모르는 단어가 무슨 뜻인지 궁금하면 120~121쪽을 살펴보세요.

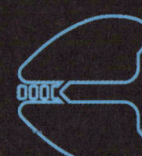

내분비계

신체 기관들은 서로 무엇을 하라고 명령을 해요. 이때 **호르몬**이라는 화학 물질을 신호로 주고받지요. 호르몬을 만드는 생은 몸 곳곳에 있어요. 이 생들을 **내분비계**라고 해요.

호흡계

허파는 숨을 쉬는 호흡 기관이에요. 신선한 산소를 몸속으로 들여오고 필요 없는 이산화탄소를 내보내지요.

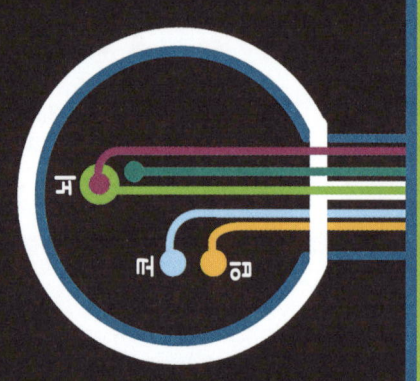

신경계

뇌는 우리 몸의 다른 기관들을 통제해요. **뇌**는 **신경세포**의 신경망을 통해 몸 전체에 신호를 보내요.

심혈관계

심장에서 피를 뿜으면, **혈관**들을 통해 피가 온몸으로 돌아요. 피는 우리 몸의 기관들이 일하는 데 필요한 **산소**와 **영양분**을 운반해요.

소화계

우리 몸은 음식을 먹어야 잘 자라고 건강을 유지해요. **위**와 **창자** 등 소화 기관은 음식물을 잘게 쪼개서 **영양분**을 흡수하고 노폐물을 내보내요.

면역계

면역계는 병균으로부터 우리 몸을 보호하는 체계로 **림프관**이랑 **림프절**, 기관, 조직으로 이루어져 있지요.

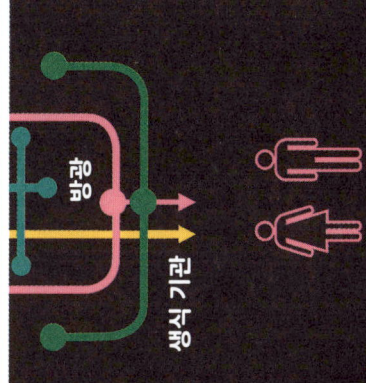

생식 기관

방광

배뇨계

몸에 노폐물이나 독소가 생기면 몸 밖으로 걸러내야 해요. **콩팥(신장)**은 피에 섞인 노폐물이나 독소를 **오줌**으로 내보내요.

생식계

남성은 정자를 만들고 여성은 난자를 만들어요. 난자와 정자가 만나면 **아기**로 자라나요.

골격계

뼈가 모여서 **뼈대**를 이뤄요. 뼈대는 우리 몸을 떠받쳐 줘요. 또 뼈대는 몸속의 장기를 보호하고, 몸을 움직이는 걸 돕지요.

근육계

근육은 뼈를 움직여요. 심장과 위장 같은 기관들도 근육이 움직이는 거예요.

5 혈관의 길이를 모두 더하면…

10만 킬로미터가 넘어요.

피는 그물망처럼 온몸 곳곳에 퍼져 있는 **혈관**을 따라서 이동해요.
혈관의 종류는 동맥, 정맥, 모세 혈관 세 가지가 있어요.

동맥은 허파가 마신 산소가 가득한 피를 심장을 통해 온몸으로 보내요.

정맥은 온몸에 있는 피를 다시 심장과 허파로 보내는 일을 해요.

모세 혈관

피는 음식물에서 얻은 에너지와 호흡으로 얻은 산소를 몸 곳곳으로 보내 줘요.

모세 혈관은 가장 가느다란 혈관이에요.
사람 머리카락보다 가늘지요.
근육과 기관 구석구석에서 동맥과 정맥을 연결해 준답니다.

정맥에 있는 피는 산소가 적어서 검붉은 색깔을 띠지요.

동맥에 있는 피는 산소가 많아서 새빨간 색깔을 띠어요.

한 사람의 혈관을 한 줄로 길게 이으면 지구를 두 바퀴 감고도 남을 거예요.

6 소름이 돋는 이유는…

몸을 따뜻하고 안전하게 지키기 위해서예요.

춥거나 무서울 때 저절로 소름이 돋아요. 소름은 수천 년 전 선사 시대에 인류가 살아남는 데 도움을 주었어요. 지금은 피부에 닭살이 일어난다고 생각할 뿐이지만요.

소름은 어떻게 돋을까요?
털 아래쪽의 근육이 당겨지면서 털이 빳빳이 서요.

털 주변의 피부가 솟아올라서 단단한 언덕처럼 변해요. 이를 소름이라 하지요.

선사 시대 소름의 쓰임새
선사 시대 인류는 온몸이 길고 굵은 털로 덮여 있었어요. 소름이 돋으면 적어도 두 가지로 도움이 되었어요.

① 체온 유지하기
털이 빳빳이 서면서 주변의 피부를 뒤덮어 공기층을 만들어요.

이 공기층은 담요처럼 몸을 덥혀 줘요.

② 적에게 겁주기
온몸의 털이 곤두서면 몸집이 더 커진 것처럼 보여요. 적이 공격하려 하다가도 겁을 먹고 물러날지도 모르지요.

지금 사람들은 선사 시대 인류보다 털이 훨씬 가늘어요. 그래서 소름이 돋아도 달라지는 점이 거의 없지요.

7 위가 점액으로 덮이지 않았다면...

위는 스스로에게 먹힐 거예요.

점액은 끈끈한 물질로, 위벽을 비롯한 몸 곳곳에 들어 있어요. 위벽 안쪽은 점액으로 뒤덮여 점막을 이루어요. 위벽의 점막은 음식물을 녹이기 위해 위에서 내보내는 강한 위산을 막아서 위를 보호해 줘요.

식도

점액은 음식물이 식도를 잘 미끄러져 내려가도록 도와요.

점액은 무엇으로 만들어졌을까요?

- **94%** 물
- **5%** 뮤신(끈끈한 단백질)
- **1%** 그 밖의 물질

콧물도 점액이에요.

우리 몸은 점액을 하루에 **1.5리터**까지 만들어요. **컵 7잔**을 채울 만한 양이지요.

위(위장)
위에서는 점액이 아주 많이 나와요. 울퉁불퉁한 **위벽**을 모두 뒤덮을 만큼요.

위벽

작은창자로 이동해요.

위산은 음식물을 녹이지만 점액은 녹이지 못해요. 그래서 위벽의 점막이 위를 보호할 수 있지요.

위벽이 울퉁불퉁한 부분을 **위주름**이라고 해요.

점막에 구멍이 날 때도 있어요. 그 구멍에 위산이 스며들면 위벽을 깎아요. 그러면 위에 상처가 나서 **위궤양**이 생길 수 있어요.

8 수많은 세균이 없으면…

소화 기관은 음식물을 소화하지 못해요.

위에서 나온 음식물이 **작은창자**와 **큰창자**를 지나면서 음식물에 든 영양소가 우리 몸으로 흡수돼요. 소화 기관 속에는 수백만 마리에 달하는 미생물인 **세균**과 **곰팡이**가 살아요. 세균은 우리 몸이 다양한 음식물을 분해해서 흡수하는 일을 도와주지요.

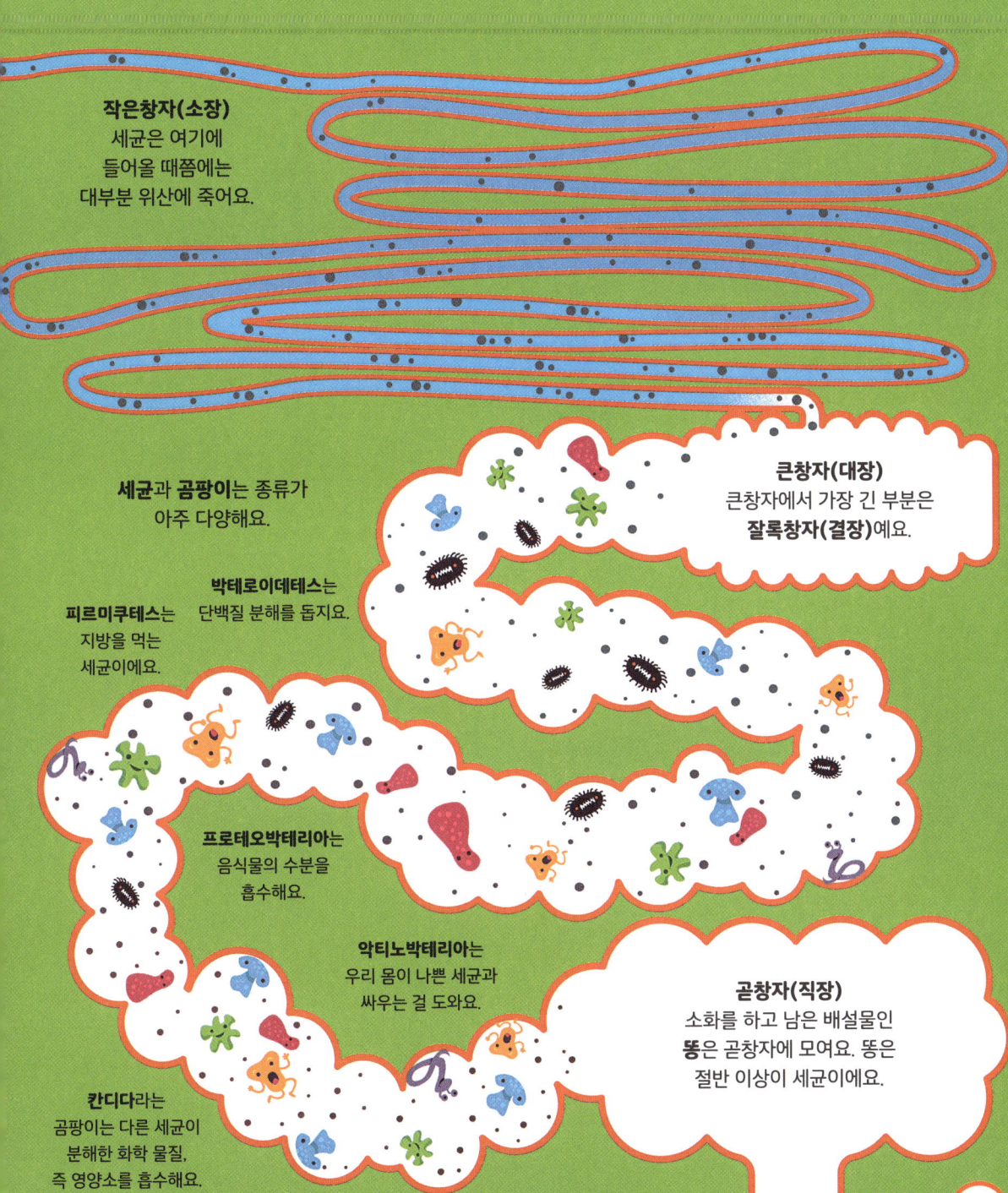

작은창자(소장)
세균은 여기에 들어올 때쯤에는 대부분 위산에 죽어요.

세균과 곰팡이는 종류가 아주 다양해요.

피르미쿠테스는 지방을 먹는 세균이에요.

박테로이데테스는 단백질 분해를 돕지요.

프로테오박테리아는 음식물의 수분을 흡수해요.

악티노박테리아는 우리 몸이 나쁜 세균과 싸우는 걸 도와요.

칸디다라는 곰팡이는 다른 세균이 분해한 화학 물질, 즉 영양소를 흡수해요.

큰창자(대장)
큰창자에서 가장 긴 부분은 **잘록창자(결장)**예요.

곧창자(직장)
소화를 하고 남은 배설물인 **똥**은 곧창자에 모여요. 똥은 절반 이상이 세균이에요.

9 귀는 조금씩 길어져요…

우리가 어른이 된 뒤에도요.

귀는 주로 부드러운 연골과 피부로 이루어져 있어요. 모든 것을 지구 중심으로 당기는 중력의 영향을 받아 점차 늘어나면서 오랜 시간에 걸쳐 모양이 바뀐답니다.

젊은 사람의 피부
연골과 피부는 늘어났다 줄어드는 섬유로 이루어져 있어요. 그래서 귀를 잡아당겨도 다시 본래 모양으로 돌아가요.

나이 든 사람의 피부
섬유는 중력 때문에 점차 늘어나다가 결국 끊어져 버려요. 그러면 본래 모습으로 돌아가지 못해 주름이 지거나 처지게 되지요.

우리 몸은 약 21세가 되면 성장을 멈추지만, 귀는 그 뒤에도 계속 자라요. 그래서 나이 든 사람의 귀가 큰 경우가 많아요.

10 만 6세 아이의 입 속에는…

이가 52개까지 있기도 해요.

태어나서 처음 나는 이를 **젖니**라고 해요. 젖니는 20개까지 나고 만 6세가 되면 빠지기 시작해서 하나둘 **영구치**라는 새 이로 바뀌게 돼요. 따라서 잇몸 안쪽에 숨어 있는 영구치 32개를 합치면, 만 6세 아이의 입속에는 이가 최대 52개까지 있을 수 있어요.

만 6세에는 젖니가 다 자라요.

그동안 영구치는 잇몸 안쪽에 있다가 나중에 젖니를 밀고 나오지요.

11 죽은 사람의 몸은…

씰룩거리고 앓는 소리를 내요.

사람이 죽으면 뇌는 더 이상 몸을 움직이지 못해요.
하지만 어떤 부분들은 그때까지도 움직이기도 한답니다.

> 죽은 지 몇 시간이 지나면 몸의 근육이 굳기 시작해요. 이것을 **사후 경직**이라고 하지요. 그러면서 몸의 털이 빳빳이 일어서요.

> 이것 보세요! 내장 속 세균이 기체를 만들어서 배가 불룩 부풀어 올라요.

으으으으으

> 들어 봐요! 몸속의 기체가 성대를 빠져나오면서 나는 소리예요. 아주 <u>으스스</u>하지요.

> 깜짝이야, 발이 움직였어요! 발가락의 근육이 씰룩거리는 거예요.

작가들은 이런 현상에서 영감을 얻어, 무서운 소설을 쓰기도 했어요.

시체가 무덤에서 벌떡 일어난다는 섬뜩한 내용을 담았지요.

12 우리 몸의 미래 모습은…

세포 속에 숨겨져 있어요.

우리 몸은 **세포**라는 수십억 개의 아주 작은 단위들로 이루어져 있어요. 세포마다 하는 일이 각기 다르지요. 세포 속 **DNA**라는 화학 물질이 각 세포에 다른 명령을 내리거든요. DNA는 두 가닥이 한 쌍으로 꼬여 있고, 그 안에 몸의 특징을 결정짓는 암호가 들어 있어요.

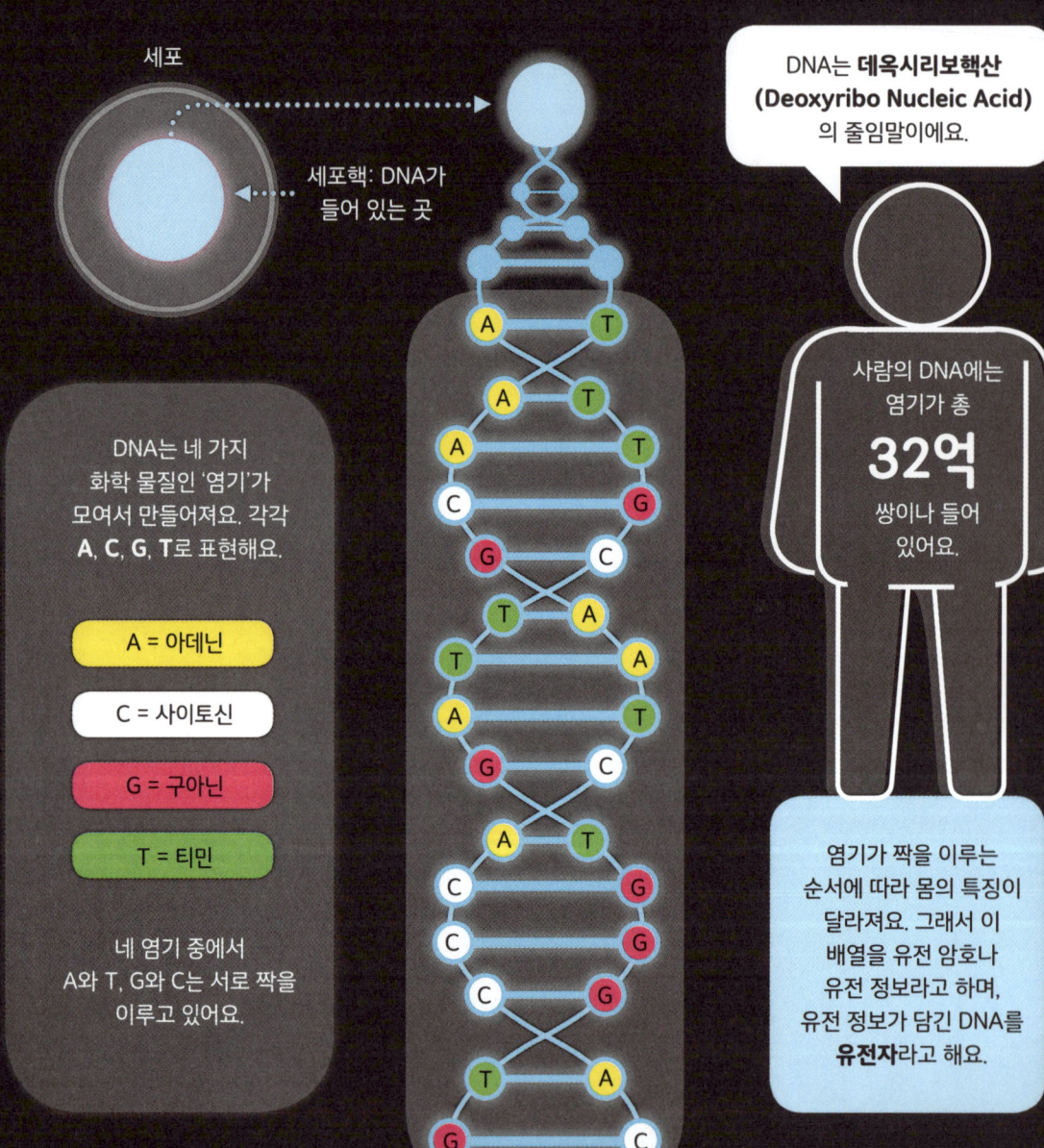

세포

세포핵: DNA가 들어 있는 곳

DNA는 **데옥시리보핵산 (Deoxyribo Nucleic Acid)** 의 줄임말이에요.

DNA는 네 가지 화학 물질인 '염기'가 모여서 만들어져요. 각각 **A, C, G, T**로 표현해요.

A = 아데닌
C = 사이토신
G = 구아닌
T = 티민

네 염기 중에서 A와 T, G와 C는 서로 짝을 이루고 있어요.

사람의 DNA에는 염기가 총 **32억** 쌍이나 들어 있어요.

염기가 짝을 이루는 순서에 따라 몸의 특징이 달라져요. 그래서 이 배열을 유전 암호나 유전 정보라고 하며, 유전 정보가 담긴 DNA를 **유전자**라고 해요.

DNA를 연구하는 전문가들은 우리 몸에 유전자가 약 **22,000개**가 있다는 걸 밝혀냈어요. 하지만 그보다 더 많다고 얘기하는 사람들도 있지요.

13 여자의 DNA가…

남자의 DNA보다 더 많아요.

남자와 여자의 DNA는 딱 한 군데만 달라요. 이 부분에서 성별이 결정돼요.
남자는 이 부분의 DNA가 여자보다 훨씬 적어요.

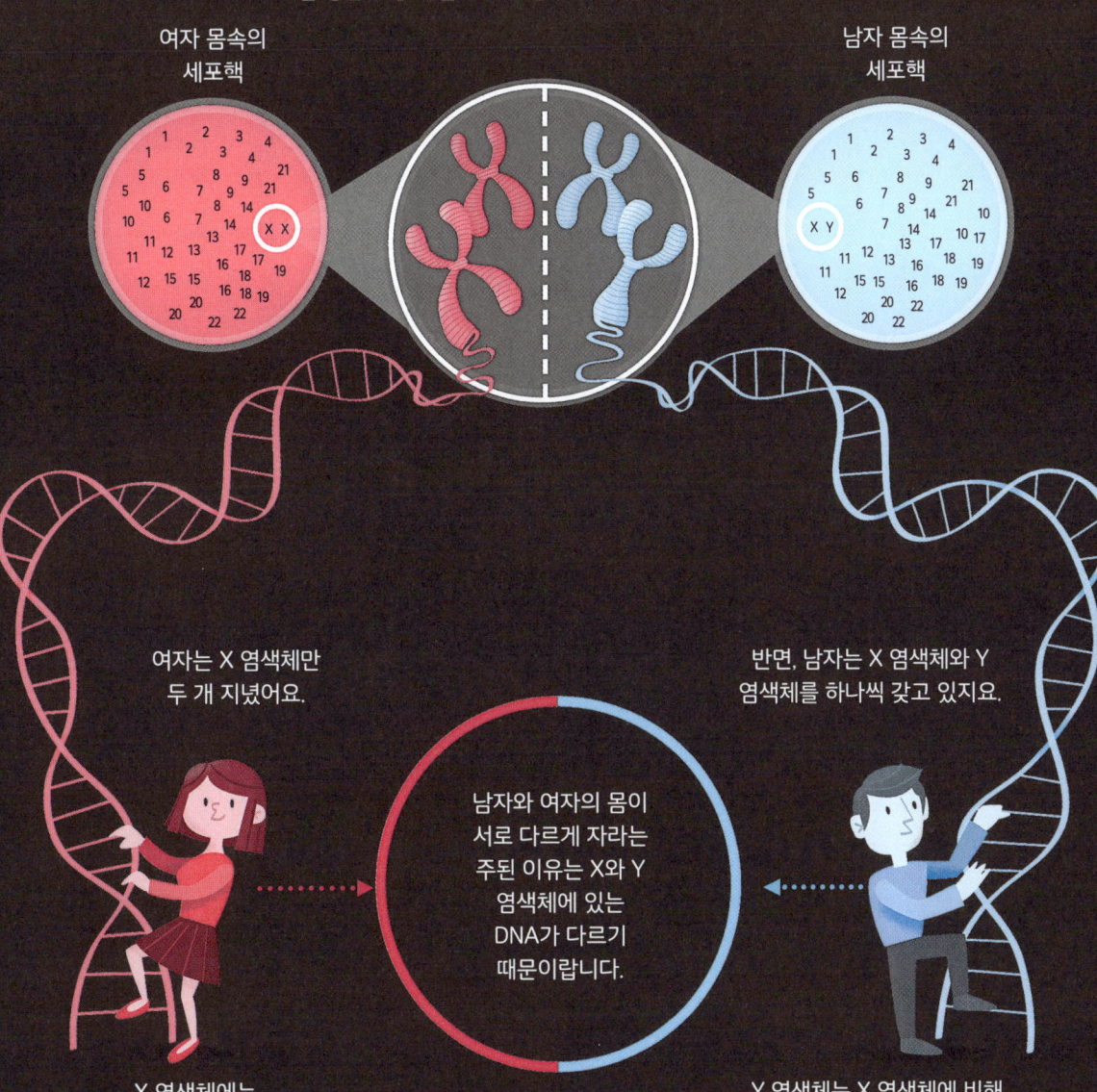

사람의 세포에 있는 DNA는 46개 토막으로 나뉘어 있어요. 이 토막을 **염색체**라고 해요. 염색체는 1번부터 22번까지 두 개씩 22쌍이 있고, 나머지 한 쌍은 모양이 달라요. 모양이 다른 염색체가 X와 Y예요.

여자 몸속의 세포핵

남자 몸속의 세포핵

여자는 X 염색체만 두 개 지녔어요.

반면, 남자는 X 염색체와 Y 염색체를 하나씩 갖고 있지요.

남자와 여자의 몸이 서로 다르게 자라는 주된 이유는 X와 Y 염색체에 있는 DNA가 다르기 때문이랍니다.

X 염색체에는 약 **1억 5,300만 쌍**의 DNA 염기가 들어 있어요.

Y 염색체는 X 염색체에 비해 크기도 훨씬 작고, DNA 염기 수도 약 **5,900만 쌍**으로 더 적어요.

14 옛날 외과 의사는 환자를 수술할 때…

하늘을 살피곤 했어요.

1700년대까지도 유럽의 의사들은 수술하기 전에 별자리를 담은 천문도와 달력을 먼저 살펴보았어요. 별자리가 신체 부위에 영향을 미친다고 믿었기 때문이에요. 달과 별이 알맞은 자리에 위치하지 않으면 수술이 잘 되지 않을 거라고 생각했지요.

의사들은 천문도뿐 아니라 '황도 12궁 인체도'라는 그림도 보았어요. 각 별자리가 몸의 어느 부위와 관련되어 있는지 보여 주는 그림이지요.

양자리	게자리	천칭자리	염소자리
머리, 눈	가슴	콩팥(신장)	무릎, 뼈, 피부
황소자리	사자자리	전갈자리	물병자리
목, 귀	심장, 척추, 지라(비장)	생식 기관, 골반, 방광	발목
쌍둥이자리	처녀자리	궁수자리	물고기자리
허파(폐), 팔, 손가락	창자(장), 이자(췌장), 쓸개(담낭), 간	허벅지, 다리	발

15 꽃과 나무 등 식물로…
질병을 치료할 수 있어요.

오늘날 사용하는 약 중에는 고대의 약초를 바탕으로 만든 약이 많아요. 화학자들은 식물에 들어 있는 중요한 화학 물질을 찾아서 적절하게 섞는 방법을 알아내 왔어요. 심지어 독성이 있는 식물도 연구했지요. 발견한 물질들은 통증을 덜거나 병을 치료하는 약으로 쓰여요.

지금까지 화학자들은 약물을 찾기 위해 **70,000**종의 식물을 연구했어요. 아직 더 연구할 식물이 **300,000**종 넘게 남아 있답니다.

16 추운 곳에 가지 않아도…

감기에 걸릴 수 있어요.

사람 사이에 옮는 병을 **감염병(전염병)**이라고 해요. 주로 **세균**이나 **바이러스** 같은 아주 작은 병균 때문에 병이 옮지요. 아주 덥거나 추운 날씨 때문에 옮는 것이 아니에요.

감기는 다양한 종류의 바이러스 때문에 걸려요. 감기는 감기 바이러스에 걸린 사람이 주변에 있을 때에만 전염되지요.

콜록! 에취!

기침과 재채기

접촉과 뽀뽀

침이 묻은 음식이나 음료수 섭취

화장실 변기에 앉았다가 병균이 옮을 수도 있어요.

하지만 그보다는 문의 손잡이를 만져서 옮을 가능성이 훨씬 더 높아요.

변기 덮개의 병균 때문에 병이 날 확률은 번개에 맞는 확률과 거의 비슷하지요.

병균은 대부분 우리 몸을 숙주로 삼아서 살아가지만, 몸 바깥에서 살아남는 종류도 있어요. 사람들이 만지는 물건을 통해서 옮는 병균들을 아래에서 살펴보아요.

대장균 (세균)  설사를 일으킬 수 있어요.

포도알균 (세균)  목을 아프게 할 수 있어요.

노로바이러스  구토와 설사를 일으킬 수 있어요.

피부는 병균이 몸속에 들어가지 못하게 막아 줘요. 병균에 옮지 않는 가장 좋은 방법은 **손을 깨끗이 씻는 것**이에요.

17 세계에서 가장 치명적인 병은…

피를 빠는 곤충을 통해 옮아요.

지금까지 가장 많은 사람의 목숨을 앗아 간 질병은 **말라리아**예요. 말라리아는 지구에서 가장 오래된 질병 중 하나로, 수십억 명의 목숨을 앗아 갔어요. 하지만 말라리아가 모두에게 치명적인 병은 아니에요. 사실 말라리아에 걸렸던 사람 중에 절반이 넘는 수가 살아남았답니다.

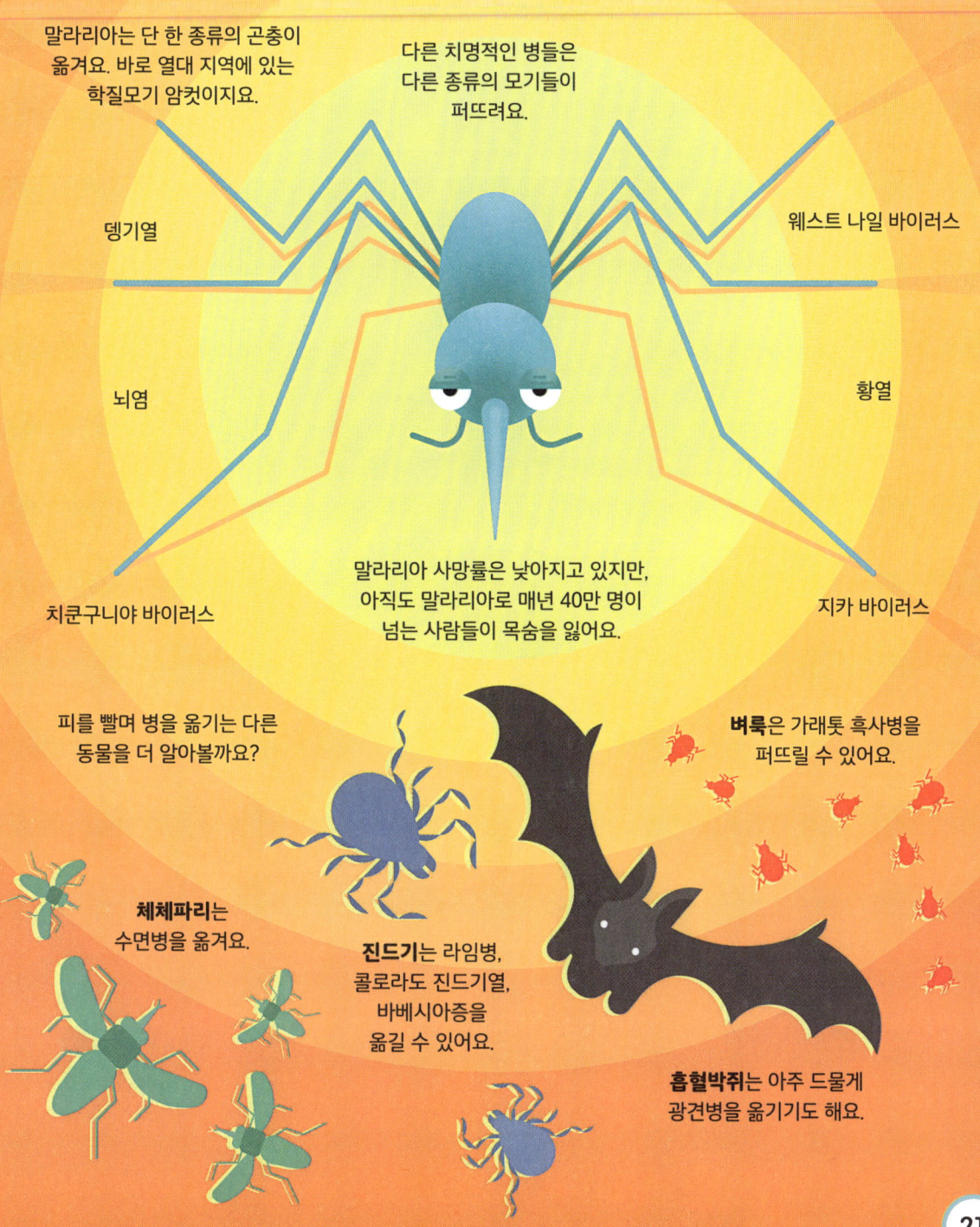

말라리아는 단 한 종류의 곤충이 옮겨요. 바로 열대 지역에 있는 학질모기 암컷이지요.

다른 치명적인 병들은 다른 종류의 모기들이 퍼뜨려요.

뎅기열

웨스트 나일 바이러스

뇌염

황열

치쿤구니야 바이러스

지카 바이러스

말라리아 사망률은 낮아지고 있지만, 아직도 말라리아로 매년 40만 명이 넘는 사람들이 목숨을 잃어요.

피를 빨며 병을 옮기는 다른 동물을 더 알아볼까요?

벼룩은 가래톳 흑사병을 퍼뜨릴 수 있어요.

체체파리는 수면병을 옮겨요.

진드기는 라임병, 콜로라도 진드기열, 바베시아증을 옮길 수 있어요.

흡혈박쥐는 아주 드물게 광견병을 옮기기도 해요.

21

18 키는 아침에 더 크고…

저녁에는 더 작아져요.

척추 마디 사이에는 원반 모양의 부드러운 연골이 들어 있어요. 연골은 몸을 움직일 때 척추에 눌리면 줄어들고 덜 눌리면 늘어나요. 누워 있을 때는 연골이 덜 눌리기 때문에 가장 많이 늘어나요. 그래서 척추가 더 펴지면서 키가 좀 더 커져요.

척추를 이루는 뼈를 **척추뼈**라고 해요.

척추뼈 사이에 있는 원반 모양의 연골을 **척추 원반**이라고 해요. 말랑하고 탄력이 있어서 밖에서 오는 충격을 줄여 주고, 척추가 유연하게 움직일 수 있게 도와줘요.

하루 일과를 끝낸 다음 척추의 모습

사람들은 대부분 낮에 서거나 앉거나 걸으면서 지내요.

중력을 받아 척추뼈가 아래로 내려가면 척추 원반이 **짓눌려** 더 납작해져요.

자고 일어난 다음 척추의 모습

사람들은 대부분 밤에 누워서 잠을 자요.

누워 있으면 척추 원반을 짓누르던 압력이 약해져요. 그러면 척추 원반이 서서히 **늘어나면서** 원래 모습을 되찾아요.

밤에 누웠다가 아침에 일어나면, 키가 **1.5센티미터**까지 더 커지기도 해요.

19 피가 만들어지는 곳은…

뼈 안쪽에 있어요.

피에 들어 있는 혈액 세포들은 대부분 수명이 몇 달밖에 안 돼요. 그래서 우리 몸은 혈액 세포를 계속 새로 만들어야 하지요. 혈액 세포는 뼈 속의 **골수**에서 만들어져요. 골수는 뼈에 들어 있는 스펀지처럼 부드러운 조직이에요.

넙다리뼈 속

적색 골수는 혈액 세포를 만드는 곳이에요.

황색 골수는 지방 세포가 많이 들어 있어요.

적색 골수는 다른 신체 조직으로 변할 수 있는 **줄기세포**를 꾸준히 만들어요.

각 줄기세포는 자라서 저마다 다른 종류의 혈액 세포가 되지요.

적혈구는 산소를 온몸에 운반해 주고, 이산화탄소를 다시 허파로 보내요.

백혈구는 질병에 맞서 싸우는 일을 해요.

혈소판은 상처 난 혈관에 엉겨 붙어서 피딱지를 만들고, 혈액이 밖으로 흘러 나가지 않게 막아 줘요.

이 모든 혈액 세포는 **혈장**이라는 액체에 담겨서 흘러가요.

새로운 피가 혈관에 들어가면 온몸을 돌 거예요.

20 지금이 몇 시인지 우리는 알지 못해도…

우리 몸은 알고 있어요.

우리 몸은 낮 시간에 가장 활발하게 움직일 수 있도록, 24시간이라는 일정한 주기를 따라 규칙적으로 생활해요. 뇌에서 몸의 시간을 잴 수 있기 때문에 가능한 일이지요. 이 생체 시계는 뇌의 **시교차 상핵**이라는 곳에 들어 있어요.

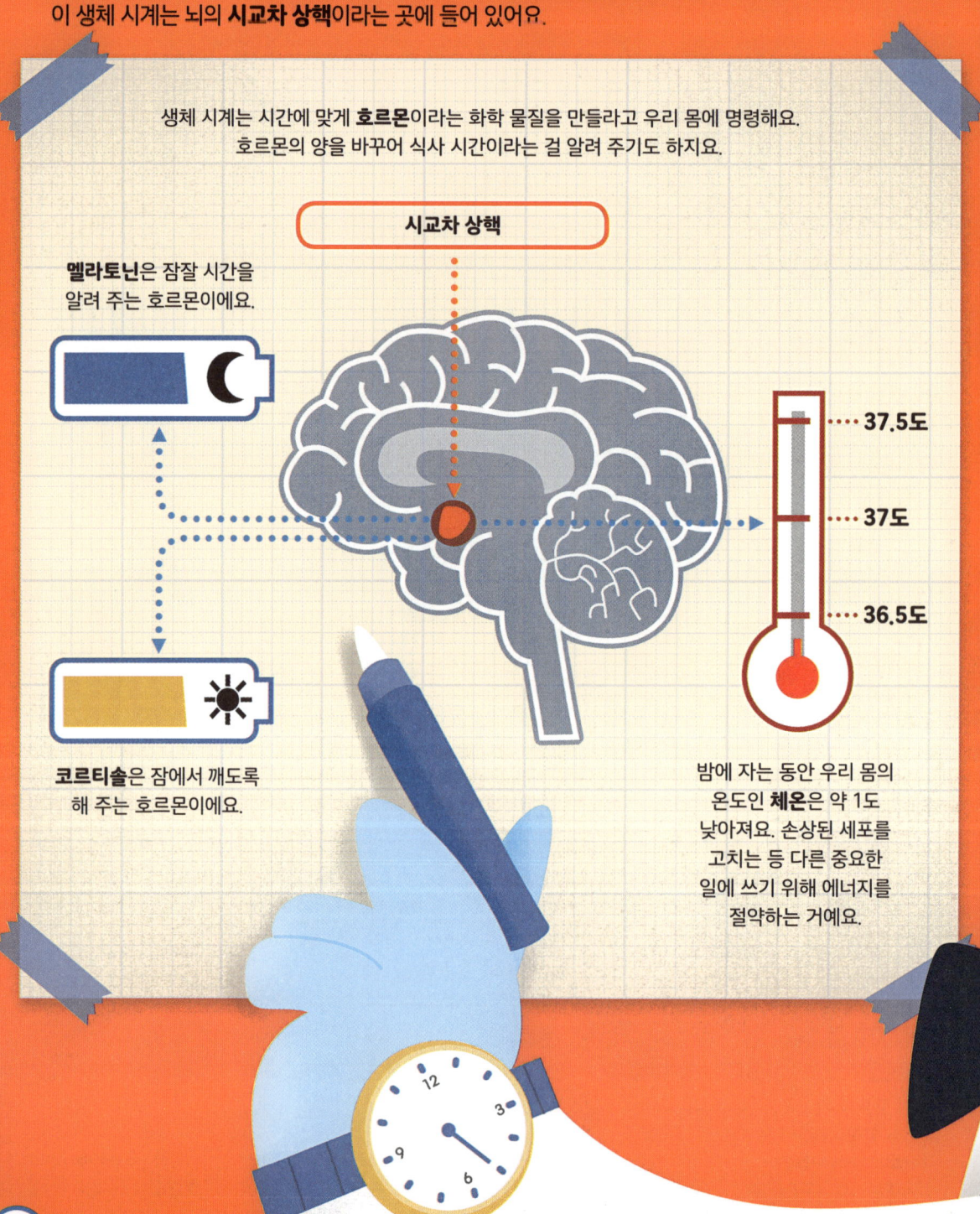

생체 시계는 시간에 맞게 **호르몬**이라는 화학 물질을 만들라고 우리 몸에 명령해요. 호르몬의 양을 바꾸어 식사 시간이라는 걸 알려 주기도 하지요.

시교차 상핵

멜라토닌은 잠잘 시간을 알려 주는 호르몬이에요.

37.5도
37도
36.5도

코르티솔은 잠에서 깨도록 해 주는 호르몬이에요.

밤에 자는 동안 우리 몸의 온도인 **체온**은 약 1도 낮아져요. 손상된 세포를 고치는 등 다른 중요한 일에 쓰기 위해 에너지를 절약하는 거예요.

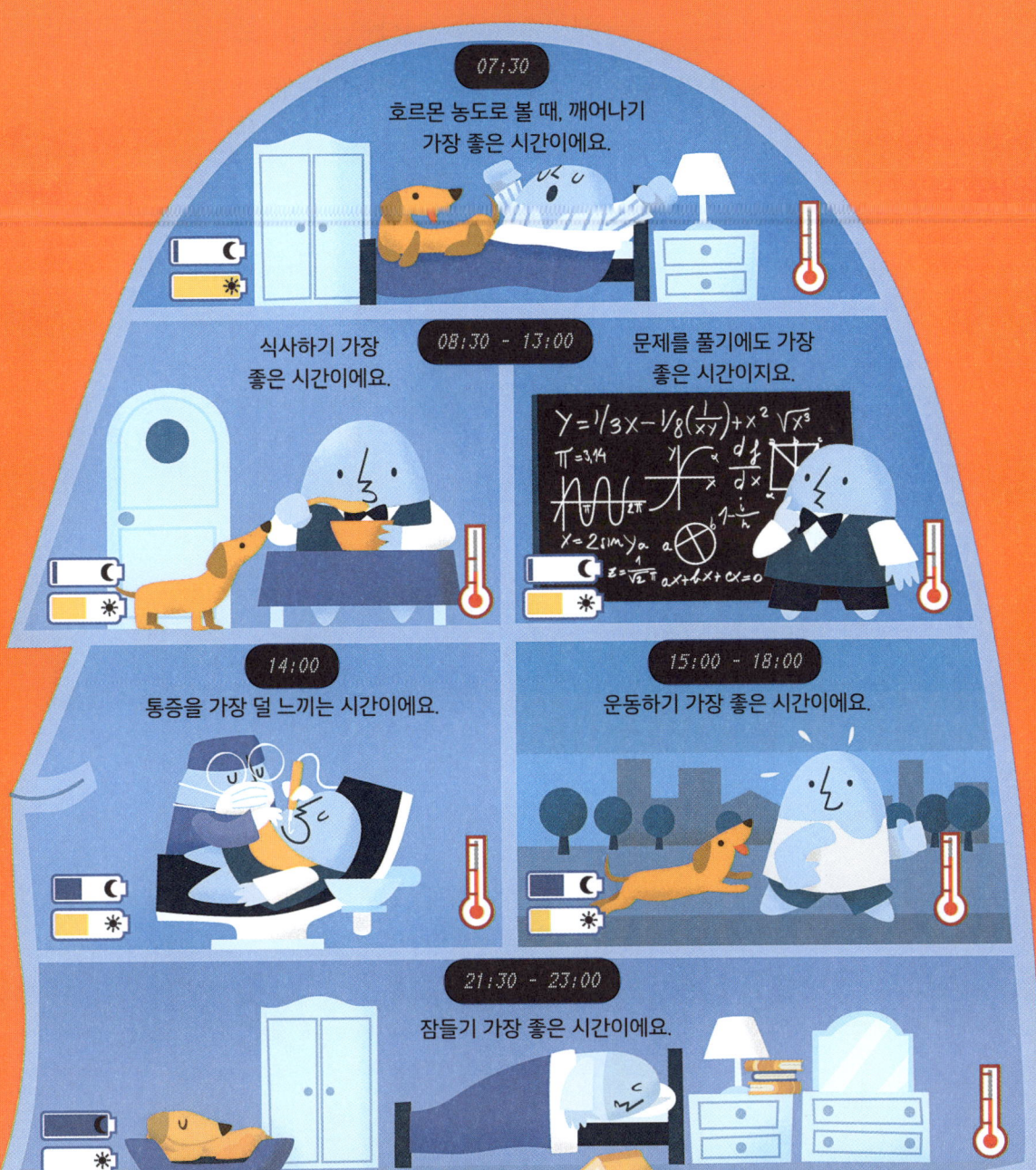

21 가장 큰 근육이···
꼭 가장 강한 것은 아니에요.

가장 큰 근육
큰볼기근

큰볼기근은 엉덩이 양쪽에 있는 커다란 근육이에요. 엉덩이와 허벅지를 움직이고, 몸을 일으키는 걸 도와요.

가장 넓은 근육
넓은등근

등부터 어깨 아래까지 부채처럼 펼쳐진 한 쌍의 근육이에요.

넓은등근은 팔과 어깨를 여러 자세로 움직이게 해 줘요.

누르는 힘이 가장 센 근육
깨물근

깨물근은 얼굴 양쪽의 턱에 있는 근육으로, 이를 맞물리게 해서 음식물을 잘게 자르도록 도와요.

가장 긴 근육
넙다리빗근

양쪽 엉덩이부터 무릎 밑까지 띠처럼 뻗은 한 쌍의 근육이에요.

넙다리빗근의 영어 단어인 사토리어스(sartorius)는 '재봉사'를 뜻하는 라틴 어에서 유래했어요. 재봉사가 보통 책상다리를 하고 앉아 일했기 때문이에요.

잡아당기는 힘이 가장 센 근육
가자미근

가자미근은 양쪽 정강이 뒤에 있는 근육으로, 몸을 세우는 걸 도와줘요. 발끝을 디뎌 서거나 발을 쭉 뻗을 때에도 이 근육을 사용해요.

어른 몸속 넙다리빗근의 최대 길이: 60센티미터

넙다리빗근은 다리를 구부리고, 돌리고, 뻗고, 꼴 수 있게 해요.

22 우리 몸의 절반 이상은…

산소로 이루어져 있어요.

자연에 있는 물질을 이루는 화학 원소는 94가지가 있어요. 한편 우리 몸의 대부분은 단 **여섯 가지**의 화학 원소로 이루어져 있지요.

우리 몸을 구성하는 화학 원소

- 65% 산소
- 18% 탄소
- 10% 수소
- 3% 질소
- 1% 칼슘
- 1% 인
- 2% 기타 원소

인체 세포

우리 몸은 대부분 **세포**로 이루어져 있어요. 세포는 **세포질**이라는 액체와 여러 가지 일을 하는 물질들로 이루어져 있지요.

세포를 구성하는 원소는 주로 4개예요.

세포질은 거의 **산소**와 **수소**를 합친 물로 이루어져 있어요.

탄소는 세포 곳곳에 들어 있어요.

대부분의 세포에서 가장 큰 부분은 **세포핵**이에요. 세포핵 속에 DNA라는 화학 물질이 들어 있고, DNA 속에는 **질소**가 들어 있지요.

24 눈은 울지 않을 때에도…

눈물로 차 있어요.

눈은 늘 촉촉해야 하기 때문에 눈물을 계속 만들어요. 단지 울음을 터뜨리면 평소보다 눈물이 더 많이 나오는 것뿐이지요.

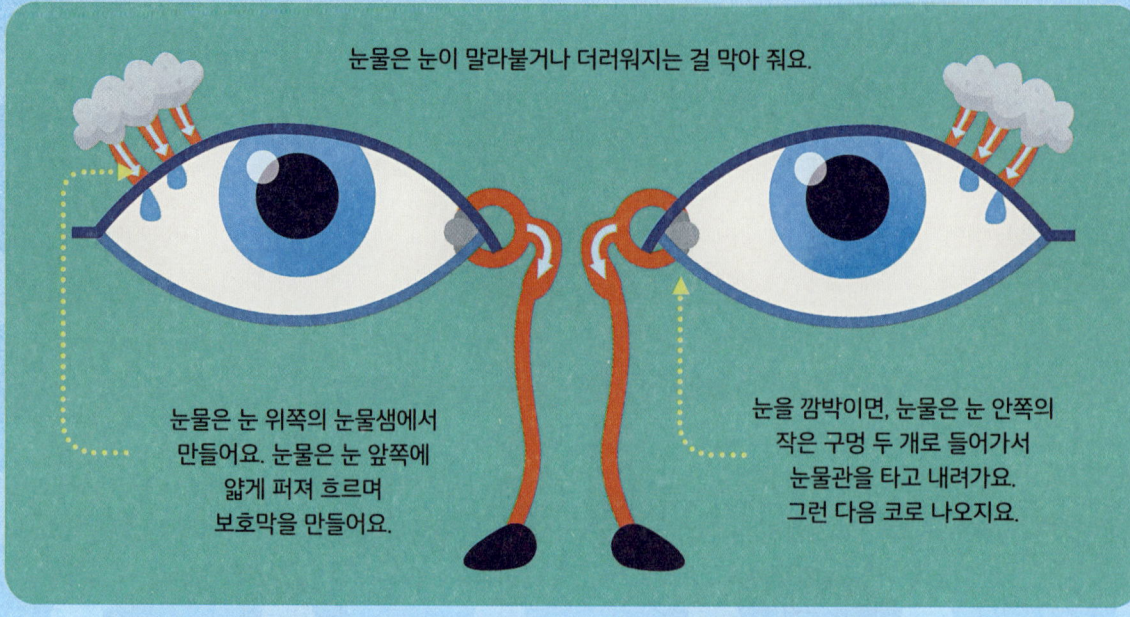

눈물은 눈이 말라붙거나 더러워지는 걸 막아 줘요.

눈물은 눈 위쪽의 눈물샘에서 만들어요. 눈물은 눈 앞쪽에 얇게 퍼져 흐르며 보호막을 만들어요.

눈을 깜박이면, 눈물은 눈 안쪽의 작은 구멍 두 개로 들어가서 눈물관을 타고 내려가요. 그런 다음 코로 나오지요.

울 때는 눈물이 훨씬 더 많이 나와요. 그러면 눈물관이 넘쳐서 눈물이 뺨을 타고 흘러내리지요. 흘러내리는 눈물은 두 종류가 있어요.

반사 눈물
좋지 않은 이물질이 눈에 들어가면, 반사 눈물이 많이 나와요.

양파에는 눈을 자극하는 화학 물질이 들어 있어요. 눈물은 화학 물질을 씻어 내 눈을 진정시켜 주지요.

감정 눈물
아프거나 슬프거나 기쁠 때 흘리는 눈물이에요. 감정 눈물은 반사 눈물에는 없는 호르몬과 진통 성분을 포함하고 있어요.

감정 눈물은 기운을 차리게 도움을 준다고 알려져 있는데, 왜 그런 것인지는 아직 밝혀지지 않았어요.

25 우리 심장은 피로…

대형 유조선을 가득 채울 수 있어요.

사람이 80년을 사는 동안, 심장은 약 2억 리터의 피를 뿜어내요.

심장은 한 번 뛸 때마다 1초가 채 되지 않는 사이에 약 **70밀리리터**의 피를 뿜어내요. 컵의 약 3분의 1을 채울 양이지요.

심장은 1분 동안 약 **70번** 뛰면서 **23컵**을 채울 만큼 피를 뿜어내요.

23컵

심장이 **하루**에 뿜은 피의 양은 **욕조 39개**를 채울 정도예요.

욕조 **39**개

심장이 **1년** 동안 뿜은 피는 **올림픽 수영장 하나**를 채울 만큼이지요.

올림픽 수영장 **1**개

심장이 **80년** 동안 뿜은 피는 **유조선 하나**를 채울 수 있어요.

유조선 **1**대

26 우리 몸의 활력 징후 네 가지는…

의사에게 건강 상태를 알려 줘요.

병원에서는 환자의 **맥박**, **호흡**, **체온**, **혈압** 등 네 가지를 측정해요. 그것으로 환자의 전반적인 건강 상태를 파악할 수 있어요. 이 네 가지 항목을 '활력 징후'라고 해요.

건강한 어른이 쉬고 있을 때의 활력 징후

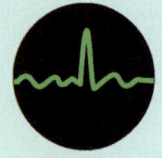   

맥박	호흡	체온	혈압
1분에 60~100번	1분에 16~20번	36.5~37.5도	약 120/80mmHg (읽는 법은 다음 쪽에 있어요.)

병원에는 활력 징후를 지켜보는 특수한 기계가 있어요.

간호사는 계속 변하는 환자의 활력 징후를 기록하고, 환자가 얼마나 회복했는지 의사에게 알려 줘요.

맥박과 호흡은 서로 관련이 있어요. 맥박과 호흡이 너무 빠르면, 산소가 온몸으로 제대로 전달되지 못해서 다음과 같은 증상이 나타날 수 있어요.

가슴 통증

어지럼증

호흡 곤란

맥박이 너무 빠르면, 심장이 뛰는 사이에 피를 채울 시간이 부족해져요. 그러면 적은 양의 피가 온몸을 돌게 되지요.

호흡이 너무 빠르면, 폐렴이나 심장 마비 등 허파나 심장에 문제가 생겼다는 걸 뜻할 수 있어요.

체온이 1도만 높아지거나 떨어져도, 건강에 심각한 문제가 생길 수 있어요.

혈압은 수은주밀리미터(mmHg) 단위로 측정해요. 혈압을 측정하는 기구에 수은 기둥(수은주)이 있어서 붙여진 이름이지요.

응급 상황
41
실신(기절) 40
탈수(수분 부족) 39
발한(땀 분비) 38

(도) 건강한 상태
36 오한(근육 수축)
35 감각 마비
 낮은 체온
34 청색증
33 정신 착란
32
응급 상황

혈압은 두 값으로 나타내요.

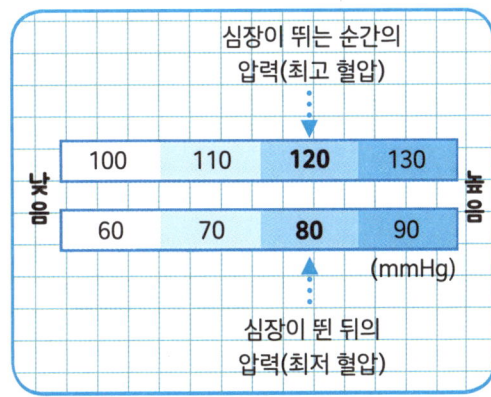

고혈압은 눈에 띄는 증상을 일으키지 않지만, 치료하지 않으면 심장병 같은 심각한 병으로 이어질 수 있어요.

27 우리가 쓰는 언어에 따라…

재채기 하는 방식이 달라요.

재채기와 기침은 갓 태어난 아기가 내는 소리처럼 **몸에서 저절로 나는 소리**예요. 이 소리를 완전히 막을 수는 없지만, 나중에 조금 억누르는 법을 알 수 있어요. 그러면 사람마다 소리가 달라지기도 해요. 어떤 언어를 쓰는지에 따라 소리가 달라질 수도 있어요.

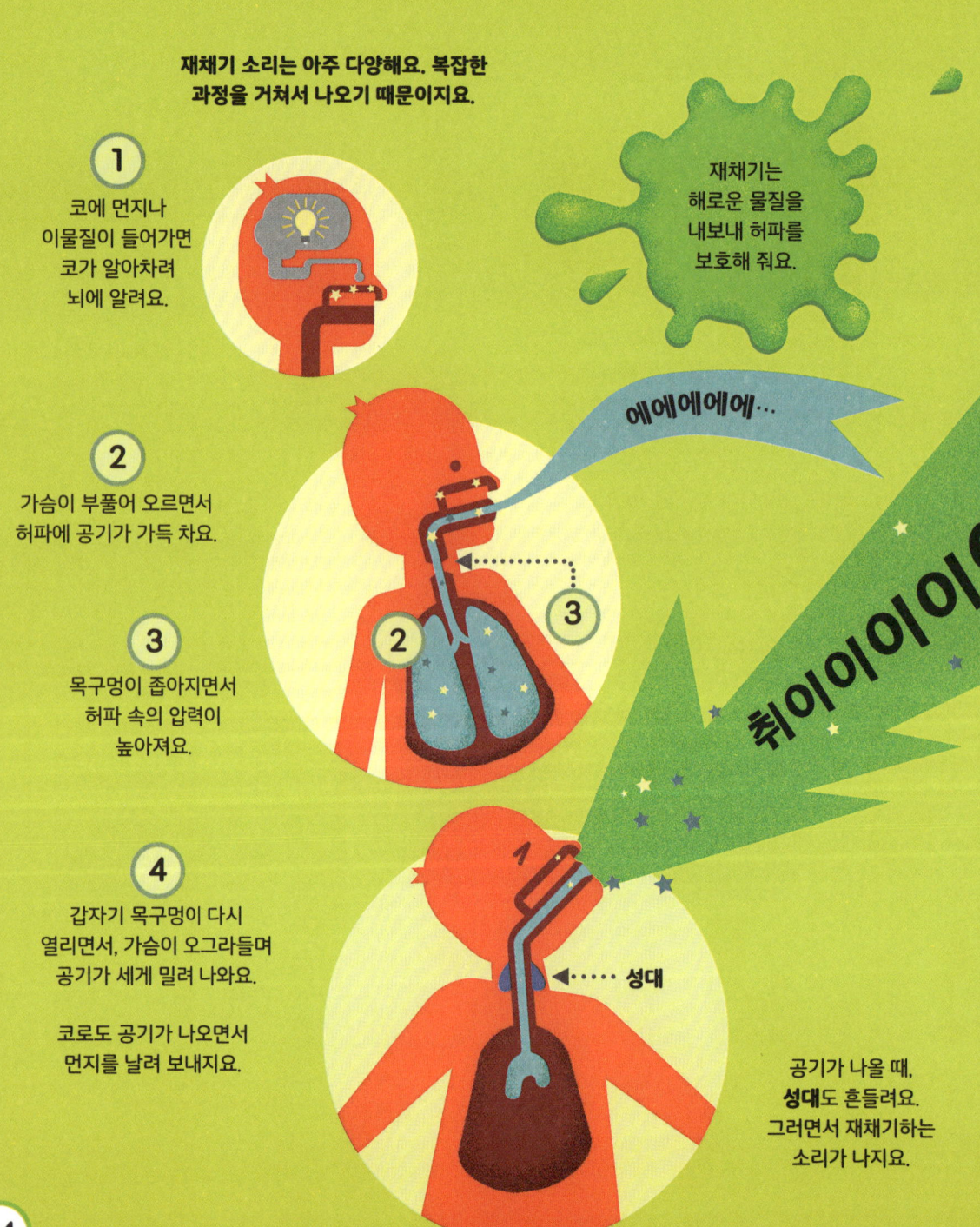

재채기 소리는 아주 다양해요. 복잡한 과정을 거쳐서 나오기 때문이지요.

① 코에 먼지나 이물질이 들어가면 코가 알아차려 뇌에 알려요.

재채기는 해로운 물질을 내보내 허파를 보호해 줘요.

② 가슴이 부풀어 오르면서 허파에 공기가 가득 차요.

에에에에…

③ 목구멍이 좁아지면서 허파 속의 압력이 높아져요.

취이이이이

④ 갑자기 목구멍이 다시 열리면서, 가슴이 오그라들며 공기가 세게 밀려 나와요.

코로도 공기가 나오면서 먼지를 날려 보내지요.

⋯⋯ 성대

공기가 나올 때, **성대**도 흔들려요. 그러면서 재채기하는 소리가 나지요.

재채기를 할 때 성대를 조절하면
소리를 바꿀 수 있어요.

소리를 더 강하거나 부드럽게
조절할 수 있어요.

②

목소리가 나게 할 수 있어요.
많은 사람은 재채기를 할 때,
자기도 모르게 자기가 쓰는
언어로 재채기 소리를 내요.

이이!

에치!
(이탈리아 인)

아추!
(영국인)

하칭!
(필리핀 인)

하쿠숀!
(일본인)

압추키!
(러시아 인)

28 침을 몸에 놓으면…

두통이나 등의 통증을 치료할 수 있어요.

고대 치료법 중에 지금도 쓰이는 치료법 중 하나가 **침술**이에요. 침술은 침을 몸의 특정한 부분인 혈에 꽂아요. 침술은 무엇보다도 통증을 가라앉히는 데 가장 효과가 있어요.

침술은 고대 중국의 사상에서 유래했어요. 고대 중국에서는 우리 몸에 **경락**이라는 통로가 있어서 그곳으로 생명력 또는 **기**가 흐른다고 보았지요.

기가 제대로 흐르지 못하면 몸에 이상을 느끼게 된다고 해요.

경락의 특정한 지점에 침을 놓으면 뭉쳐 있던 기가 풀려 흐르면서 몸이 나아진다고 하지요.

침술의 과학적 원리

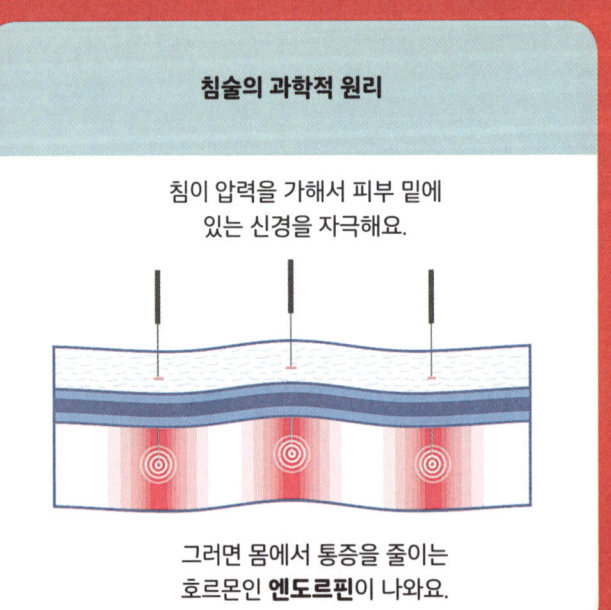

침이 압력을 가해서 피부 밑에 있는 신경을 자극해요.

그러면 몸에서 통증을 줄이는 호르몬인 **엔도르핀**이 나와요.

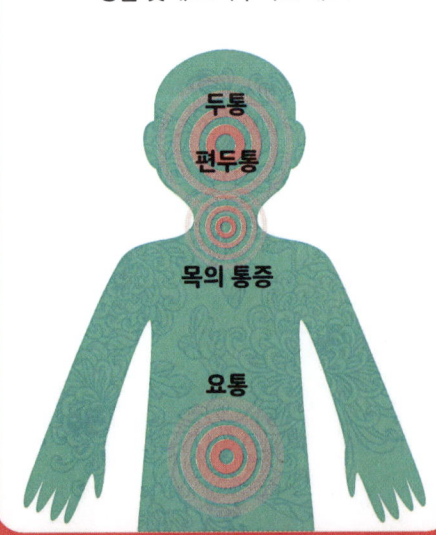

침을 잘 놓는 한의사는 아래와 같은 병을 낫게 도와주기도 해요.

두통
편두통
목의 통증
요통

29 세계에서 가장 오래된 문신은…

선사 시대에 통증을 줄이려고 새긴 문신이에요.

1991년 알프스 산맥의 얼음 속에서 5,000년 넘게 보존된 고대 미라가 발견되었어요. '외치'라는 이름이 붙은 이 미라의 몸에는 문신이 새겨져 있었어요. 세계에서 가장 오래된 문신이지요. 과학자들은 이 문신이 치료를 목적으로 새겨진 것이라고 생각해요.

외치의 몸은 보존이 아주 잘 되었어요. 그래서 과학자들은 외치가 어떤 질병을 앓고 있었는지까지 알아낼 수 있었답니다.

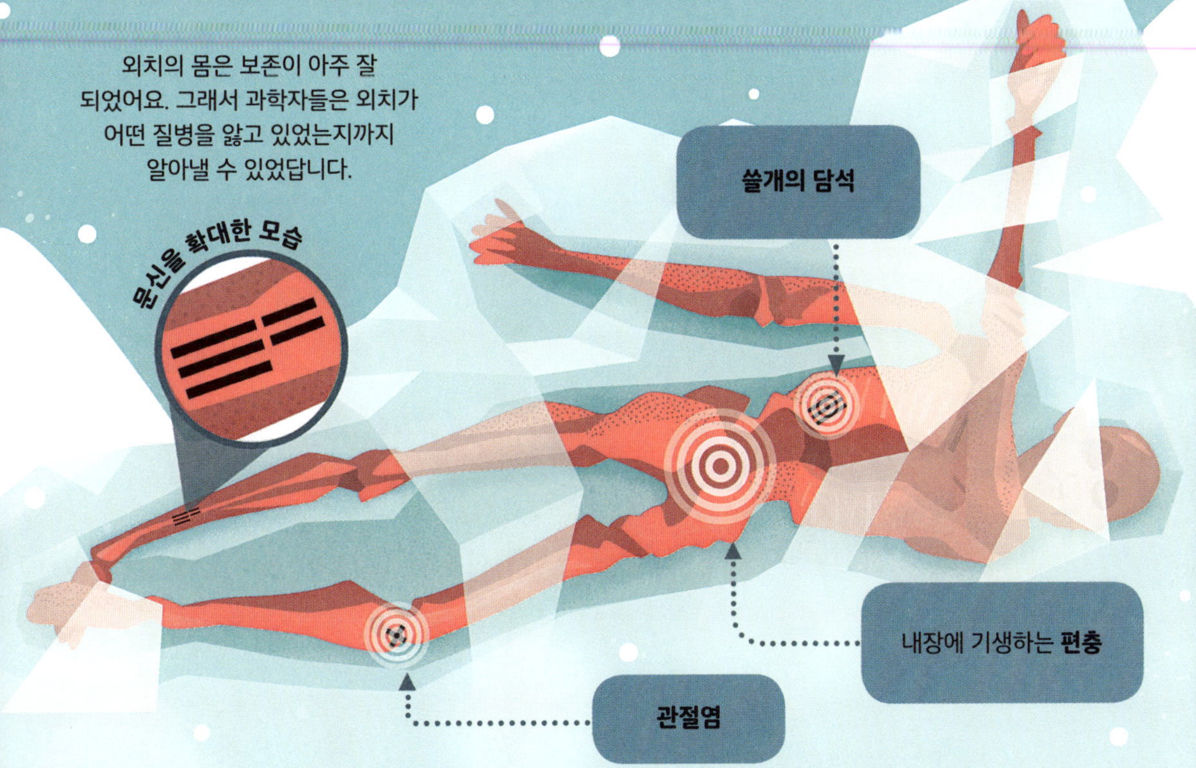

문신을 확대한 모습

쓸개의 담석

내장에 기생하는 편충

관절염

문신은 피부 안쪽까지 바늘로 찔러서 바늘 끝에 묻은 물감을 채워 새겨요. 그러면 피부에 새겨진 무늬가 계속 지워지지 않고 남는답니다.

외치의 몸에는 **문신이 61개**나 있었어요. 병이 나서 통증을 느꼈을 법한 부위나 자주 침이 놓이는 부위에 새겨져 있었답니다.

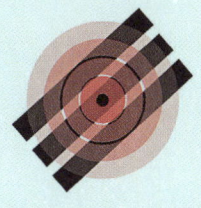

과학자들은 외치의 문신에는 통증을 줄이기 위한 목적도 있었을 거라고 생각해요.

30 우리 눈에 보이는 것들이…

반드시 실제로 다 있는 건 아니에요.

사람의 뇌는 실제로는 존재하지 않는 것을 보고 듣는 등 느낀다고 착각하기도 하는데, 이를 **환각**이라고 해요. 환각 상태에 빠지면 눈앞에 없는 것도 마치 있는 것처럼 여기기도 하지요.

환각은 대개 뇌에 이상이 생겨서 일어나는 증상이에요.

뇌 속의 **방추형 이랑**이라는 부위에 문제가 생기면, 뇌는 주변에 아무도 없어도 이상한 생김새의 얼굴을 보았다고 인식해요.

어떤 약은 뇌의 화학적인 균형을 무너뜨려서 화려한 색깔의 추상적인 모양이 보이는 환각을 불러올 수 있어요.

뒤통수엽에 구멍이 나거나 종양이 생기면, 없는 사람과 이야기를 한다고 착각할 수 있어요.

간질이라는 뇌 질환이 일어나면 없는 것의 맛을 보거나 냄새를 맡는 환각을 겪기도 해요.

사람들 가운데 10~40퍼센트는 살면서 한 번쯤은 환각을 경험해요.

조현병(정신분열병)이라는 뇌 질환에 걸리면 상상 속의 목소리가 자신에게 하는 말이 들리곤 해요.

38

31 사람의 이는 아주 단단해서…

강철보다도 강해요.

물질이 얼마나 단단한지는 **모스 굳기계**라는 기준으로 정확히 알아낼 수 있어요. 우리 몸에서 가장 단단한 부분은 **사기질(에나멜)**이에요. 사기질은 이를 감싸고 있는 하얀 물질이지요.

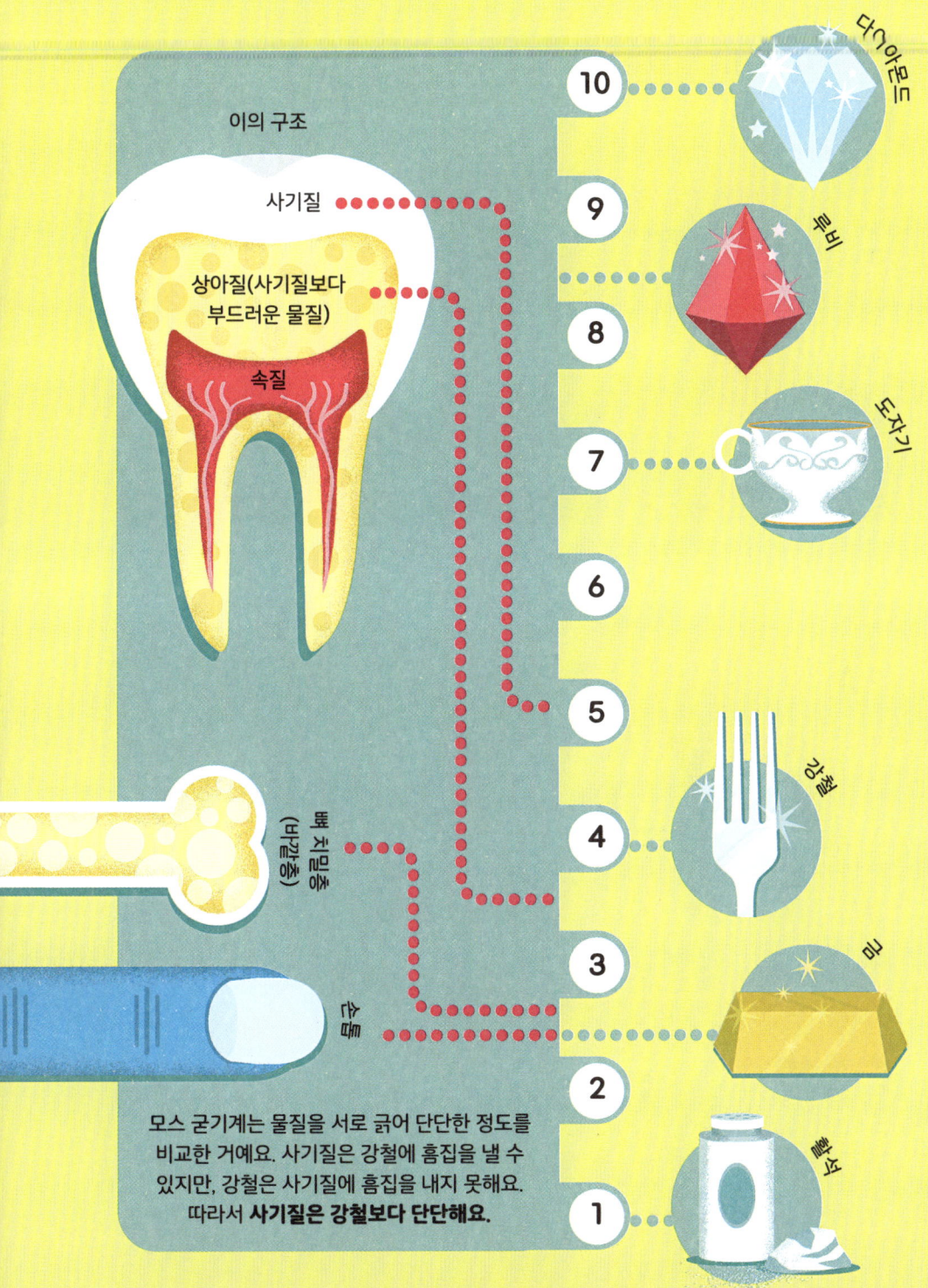

모스 굳기계는 물질을 서로 긁어 단단한 정도를 비교한 거예요. 사기질은 강철에 흠집을 낼 수 있지만, 강철은 사기질에 흠집을 내지 못해요. 따라서 **사기질은 강철보다 단단해요.**

32 우리는 아마…

귀를 꿈틀거리지 못할 거예요.

대부분의 사람이 할 수 있는 몸동작도 있고, 몇몇 사람만 할 수 있는 몸동작도 있어요. 어떤 동작은 아무도 할 수 없지요. 아래 동작들 중에서 여러분이 할 수 있는 것은 무엇인가요?

짐승 사람들이 할 수 없는 몸동작

- 손가락 튕기는 소리는 연습을 하면 낼 수 있어요.
- 사람들은 대부분 휘파람을 불고, 눈동자를 모아서 뜨고, 손가락을 소리 내어 튕길 수 있어요.
- 혀를 마는 일은 타고난 사람이 아니라면 아무리 연습을 해도 해내기가 무척 어려워요.

별명이 사마귀일 수 없는 몽무한

코를 쥐고 웃노래를 흥얼거리는 것도 할 수 없어요. 공기가 코로 나와야 웃소리가 나거든요.

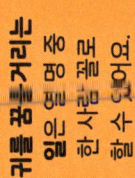

겨를 꿈틀거리는 일은 운명중 한 사람만 꿈로 할 수 있어요.

한쪽 눈썹만 치켜 올리는 일도 하기가 어려워요.

뇌는 두 가지 일을 한꺼번에 잘 처리하지 못해요.

발을 시계 방향으로 돌리는 동시에 손으로 숫자 6을 써 보세요.

눈을 뜬 상태에서 재채기하기는 불가능해요. 눈까풀 근육이 저절로 수축하거든요.

에에에에에취!

33 오직 사람만이…

얼굴이 붉어져요.

부끄럽거나 당황하는 등 스트레스를 받으면 얼굴이 빨개져요. 이런 현상을 '홍조'라고 해요. 모든 사람은 홍조를 띨 수 있고, 생명체 가운데 오직 사람만이 홍조를 띨 수 있어요.

과학자들은 사람이 홍조를 띠는 이유는 밝히지 못했지만, 그 과정은 알아냈어요.

1 스트레스를 받으면 몸은 **아드레날린**이라는 호르몬을 만들어요.

2 아드레날린은 몸속을 도는 산소의 양을 늘려요. 그러기 위해 호흡이 더 빨라지고,

심장이 더 빨리 뛰고,

혈관이 더 넓어져요.

3 혈관이 넓어지면 피가 더 많이 흘러요. 그러면 피부는 겉으로 보기에 더 붉어지고 우리는 얼굴이 달아오른다고 느껴요.

홍조가 일어난 뺨을 확대한 모습

뺨 속의 혈관은 **아드레날린**에 유난히 민감하게 반응해요. 또한 뺨 속 혈관이 피부 밑에 촘촘하게 배열되어 있어서, 몸의 다른 부위보다 뺨이 더 붉게 보인답니다.

34 우리의 의지만으로는…

우리 몸을 제어할 수 없어요.

우리가 살아가려면 우리 몸이 호흡에서 소화에 이르기까지 일을 하는 방법을 기억해야 해요. 다행히도 우리가 그 모든 일들을 걱정할 필요는 없어요. 우리가 모르는 사이에 신경계, 특히 **자율 신경계**가 알아서 다 해 주거든요.

자율 신경계는 우리 몸의 각 부위에 있어요. 우리 몸이 무엇을 필요로 하는지에 따라 각 부위와 관련된 자율 신경이 작동해요.

🟢 평상시에 자율 신경계가 작동하는 모습이에요.

🔴 긴급 상황에 자율 신경계가 작동하는 모습이에요.

자율 신경계는 뇌에 있는 **시상하부**라는 샘과,

뇌의 아랫부분에 있는 **뇌줄기**,

그리고 등줄기에 뻗은 **척수**라는 신경의 통제를 받아요.

- 눈동자가 작아져요.
- 눈동자가 커져요.

- 심장이 정상적인 속도로 뛰어요.
- 심장 박동이 아주 빨라져요.

- 우리 몸의 체온을 일정하게 유지해요.
- 아드레날린이 분비되면서 몸의 반응이 더 빨라져요.

- 소화가 잘 돼요.
- 소화가 잘 되지 않아요.

이런 활동들 중 여러 가지를 조절하는 방법을 터득한 사람들도 있어요. 하지만 긴급한 상황이 되면 반드시 뇌줄기와 척수가 우리 몸을 제어하게 된답니다.

- 깊고 느리게 호흡해요.
- 호흡이 빨라져요.

35 우리 몸은 병균뿐만 아니라…

건강한 세포를 공격할 때도 있어요.

우리 몸의 **면역계**는 세균과 바이러스 같은 해로운 병균과 싸워요. 하지만 면역계에 이상이 생기면 우리 몸의 정상적인 세포를 파괴하기도 해요. 이런 현상을 **자가 면역 질환**이라고 해요.

면역계는 이런 과정으로 일을 해요.

① 병균의 표면에는 **항원**이라는 작은 부위들이 있어요. 병균이 몸에 들어오면…

② 면역계는 즉시 **항체**를 만들어요.

③ 항체는 항원을 공격해서…

④ 그 항원이 있는 병균을 죽여요. 그러면 몸은 건강을 되찾지요.

자가 면역 질환에 걸리면,
우리 몸의 면역계는 정상 세포와 해로운 항원을 구별하지 못해요.

자가 면역 질환은 종류가 다양해요. **다발성 경화증**과 **복강 질환** 등 80가지가 넘지요.

항체

정상 세포

그러면 몸은 정상 세포를 없애야 한다고 착각하고 항체를 만들어 정상 세포를 공격해요.

36 간이 좋지 않으면...

눈이 노랗게 변해요.

간은 피에 섞여 있는 **빌리루빈**이라는 노란 노폐물을 분해해요. 간이 좋지 않으면 빌리루빈이 피에 그대로 남아서 피부와 눈의 흰자위가 노란색을 띠지요.

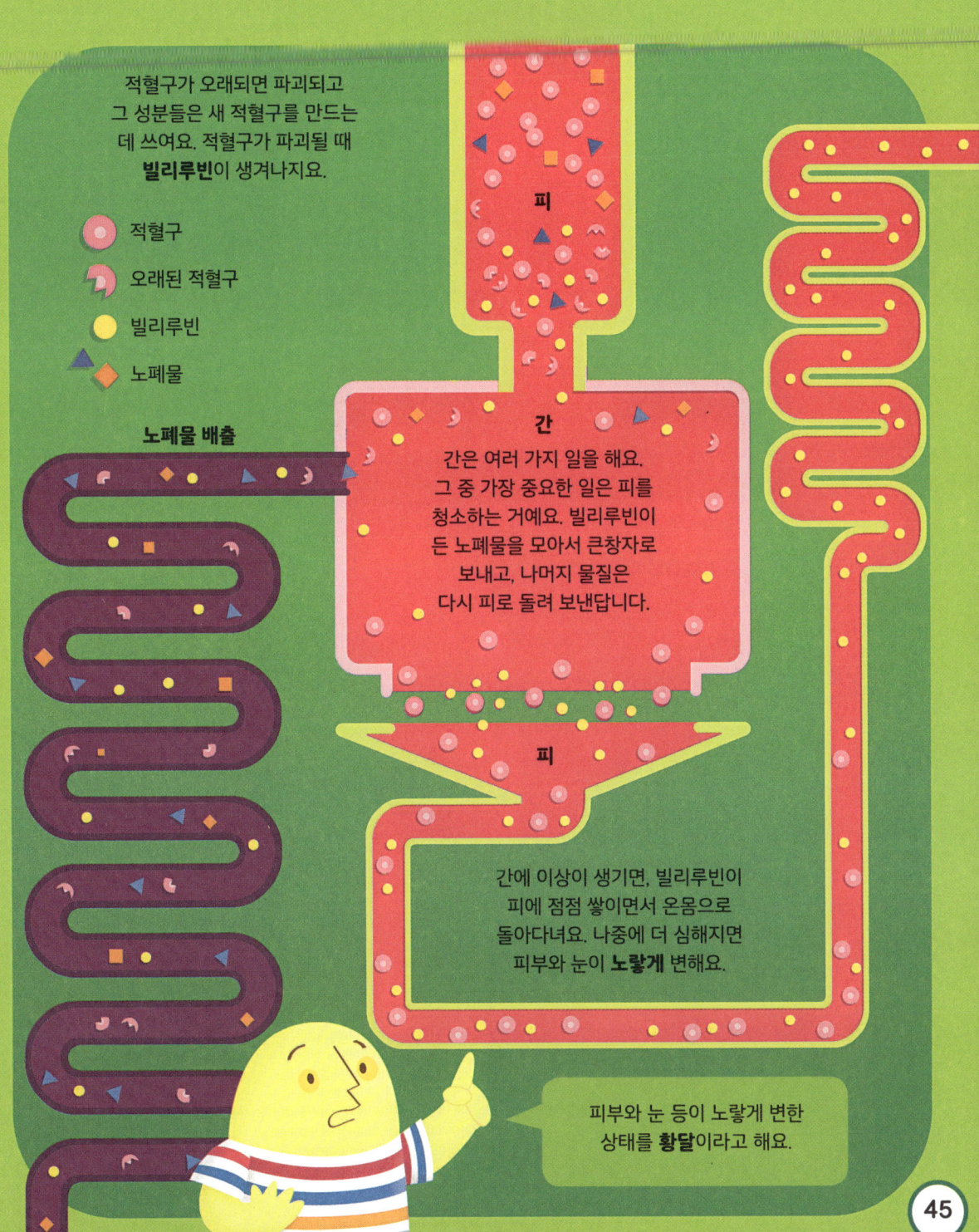

적혈구가 오래되면 파괴되고 그 성분들은 새 적혈구를 만드는 데 쓰여요. 적혈구가 파괴될 때 **빌리루빈**이 생겨나지요.

- 적혈구
- 오래된 적혈구
- 빌리루빈
- 노폐물

노폐물 배출

피

간

간은 여러 가지 일을 해요. 그 중 가장 중요한 일은 피를 청소하는 거예요. 빌리루빈이 든 노폐물을 모아서 큰창자로 보내고, 나머지 물질은 다시 피로 돌려 보낸답니다.

피

간에 이상이 생기면, 빌리루빈이 피에 점점 쌓이면서 온몸으로 돌아다녀요. 나중에 더 심해지면 피부와 눈이 **노랗게** 변해요.

피부와 눈 등이 노랗게 변한 상태를 **황달**이라고 해요.

37 우리 몸에 당분이 너무 많아지면…

발을 잃게 될 수도 있어요.

당뇨병에 걸린 사람의 몸속에는 당분 중 하나인 **포도당**이 아주 많아요.
그러면 온몸의 건강이 나빠지는데, 특히 발이 아주 나빠져요.

우리 몸이 정상일 때, 이자는 **인슐린**이라는 효소를 만들어요.

인슐린은 몸의 세포가 피에 있는 포도당을 빨아들이도록 해 줘요.

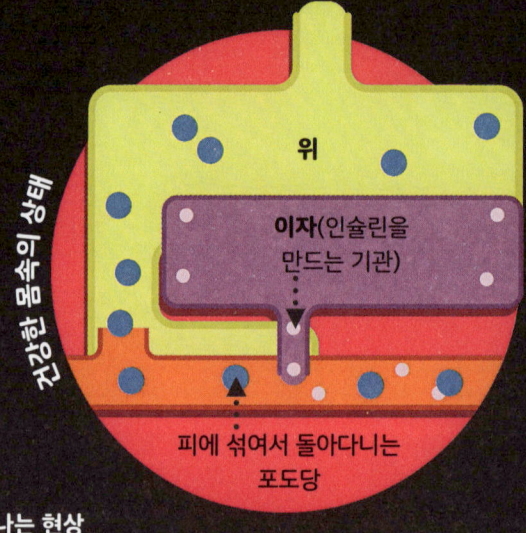

당뇨병은 이 과정이 제대로 이루어지지 않는 거예요. 당뇨병은 두 가지가 있어요.

제1형 당뇨
이자가 **인슐린**을 거의 만들지 못해요.

제2형 당뇨
인슐린은 만들어지지만 기능이 떨어져서 세포가 포도당을 흡수하지 못해요.

당뇨병에 걸리면 나타나는 현상

① 우리가 섭취하는 당분이 많은 음식과 음료수에는 포도당이 많이 들어 있어요.

② 핏속의 포도당 농도인 혈당이 너무 높아지면 혈관이 파괴돼요.

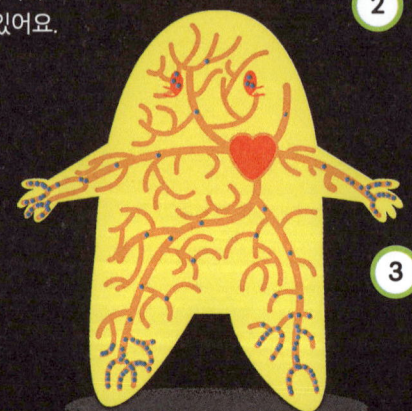

③ **눈동자**와 **발**처럼 순환계의 끝에 위치한 부위가 더 심하게 손상되지요.

④ 발에 헐어서 잘 낫지 않는 **궤양**이 생겨요. 궤양이 심해지면 발을 잘라야 해요.

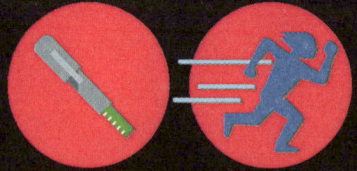

⑤ 다행히도 인슐린 주사와 약, 균형 잡힌 건강한 식단으로 당뇨병이 심해지지 않도록 관리하고 조절할 수 있답니다.

38 사람의 DNA는…

이끼를 약으로 바꿀 수 있어요.

당뇨병 치료에 쓰이는 인슐린은 만드는 방법이 복잡하고 비용도 많이 들어요. 그런데 인슐린을 값싸게 많이 만들 새로운 방법들이 나오고 있어요. 사람의 DNA와 이끼 DNA를 합치는 방법도 그중 하나예요.

① '피스코미트렐라 파텐스'라는 이끼에서 DNA를 추출해요.

② 사람 DNA에서 인슐린을 만드는 부위를 잘라서 이끼 DNA에 집어넣어요.

③ 바뀐 이끼 DNA를 다시 이끼에 집어넣어요.

④ 바뀐 이끼가 자라고 번식을 해요. 그러면서 **인슐린**을 만들어요.

이끼는 물, 빛, 영양소가 있어야 자라요.

화학자들은 이끼에서 인슐린을 추출해서 약으로 만들어요.

이 방법을 쓰면 지금의 방법보다 **더 값싸게 더 많은** 인슐린을 만들 수 있을 거예요.

39 우리 몸에서 피가 날 때…

공중으로 9미터까지 솟을 수 있어요.

상처를 입으면 피를 얼마나 빠르고 멀리 뿜지 되까요? 혈관이 베인 크기와 혈압에 따라 달라요.
피는 아주 작은 **모세 혈관**에서 가장 느리게 흐르고, **동맥**에서 가장 빠르게 흘러요.

모세 혈관이 베였을 때
혈관이 약간 베이거나 모세 혈관이 베였을 때 피가 조금 나와요.

정맥이 베였을 때
정맥은 모세 혈관보다 더 커서 피가 더 빨리 흘러요. 베인 부위를 꾹 누르고 있으면 출혈을 멈추는 데 도움이 돼요.

곧이어 피딱지가 엉겨 상처를 뒤덮고 출혈을 멈춰요.

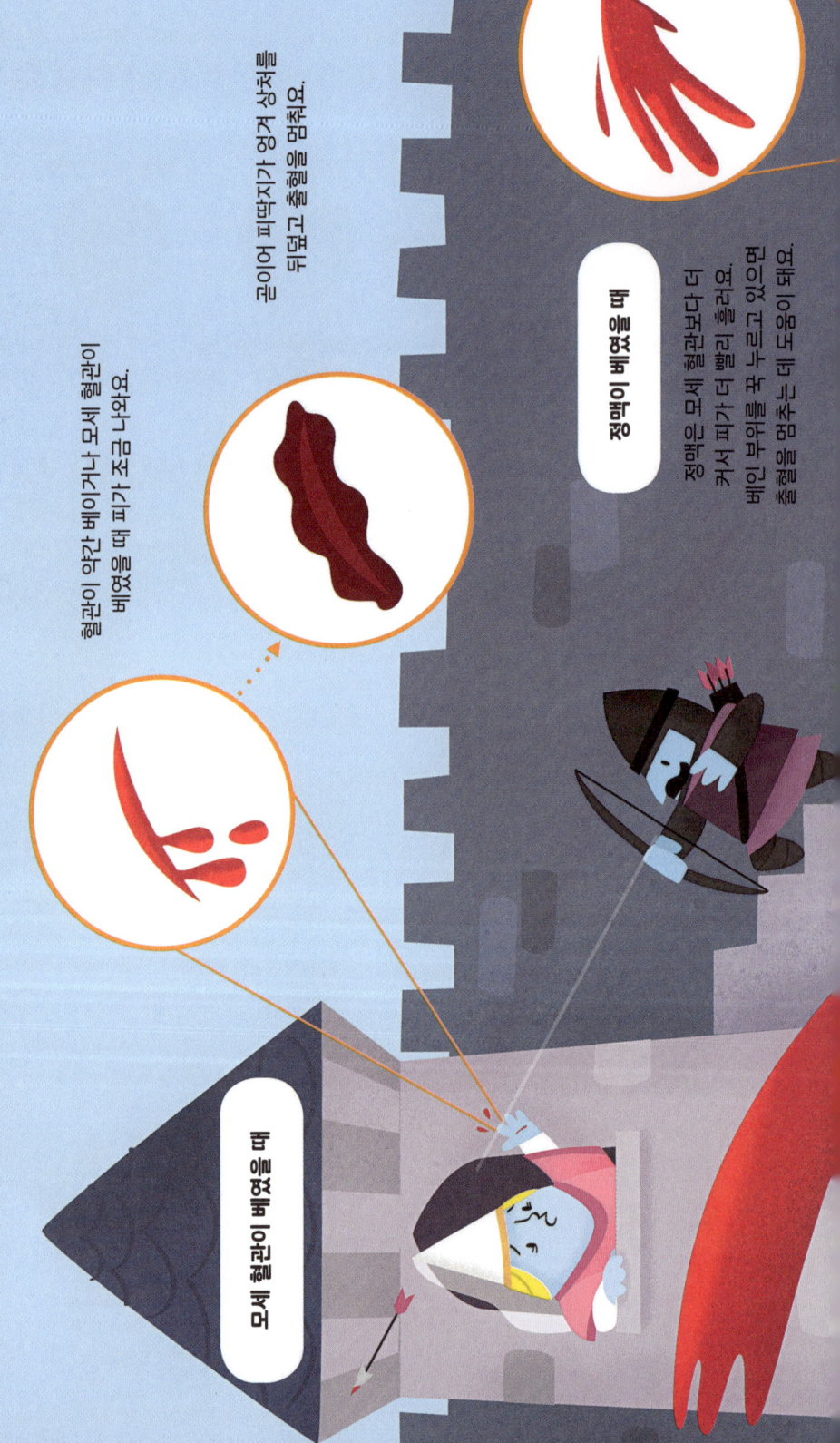

40 착시 그림은 눈이 아닌…

뇌를 속여요.

착시 그림은 뇌를 속여서 실제로는 없는 것을 봤다고 착각하게 해요. 우리는 뇌에서 일어나는 일들을 바꿀 수 없어요. 그래서 착시라는 걸 미리 알고 그림을 보아도, 착시가 이뤄지는 현상을 거의 막을 수는 없어요.

아래 원 두 개를 가만히 들여다보세요.

왼쪽 원은 튀어 나와 보이고 오른쪽 원은 들어가 보여요. 아니면 반대로 보일 수도 있어요.

원을 어떤 식으로 보느냐에 따라 달라져요. 사람마다 보는 방식이 다 다르지요.

실제로는 원들이 튀어나오지도 들어가지도 않았어요. 그저 평면 상태의 2차원(2D) 그림일 뿐이지요.

튀어나왔어!

아니야! 튀어나온 것처럼 보이는 그림이야!

우리는 **3차원 세계**에서 오랫동안 많은 것을 보았기 때문에, 우리 뇌는 더 짙은 부위를 그림자라고 저절로 판단해요. 그래서 이런 2D 그림을 보면 착시를 경험하게 되지요.

노란 원에 검은 점이 박힌 것처럼
보이지 않나요?

두 빨간 사각형의 테두리가 곧을까요,
휘어져 있을까요?

이러한 2D 그림들은 우리 감각을 속여요.

이 공들은 공중에 떠 있을까요?

이 공들은 바닥에 놓여 있을까요?

회색 선들이 나란하게 뻗어 있을까요?

착시 그림은 서로 반대되는 두 가지 생각을 동시에 하라고 뇌한테 명령해요. 그래서 뇌는 이쪽저쪽으로 생각하면서 혼란에 빠진답니다.

자를 대서 확인해 보세요. 기울어진 것처럼 보이지만,
실제로는 나란한 선들이에요.

41 의사는 충격파를 써서…

내장을 막고 있는 위돌을 깨뜨려요.

위돌은 내장에 생기는 단단하고 딱딱한 덩어리예요. 잎이나 음식물이 채 소화되지 않아 남는 섬유질들이 엉켜서 돌처럼 굳은 것이지요. 위돌은 음식물이 지나는 통로를 막을 수도 있어요.

어떤 위돌은 **물리적인** 방법으로 깨뜨려야 해요. 위 안에 충격파 발생기를 집어넣어서 깨뜨리지요.

약이나 효소를 써서 **화학적으로** 쪼갤 수 있는 위돌도 있어요.

충격파 발생기를 집어넣어요.

탄산음료를 마시면 쪼개지는 위돌도 있지요.

위돌을 깨뜨리려면 시간이 걸려요. 위급할 때에는 **수술**로 직접 위돌을 꺼내야 해요.

잘게 부서진 위돌 조각들은 소화 기관을 정상적으로 지나갈 수 있어요.

위돌의 영어 단어인 비저(Bezoar)는 '해독제'를 뜻하는 아라비아 어에서 유래했어요. 약 500년 전까지도 사람들은 동물의 위에서 나온 위돌을 해독제로 썼어요. 온갖 독소를 없앤다고 믿었던 것이지요.

42 뇌를 속여서…

몸을 치료할 수도 있어요.

효과가 없는 가짜 약, 즉 **속임약(플라세보)**을 써도, 환자의 병이 진짜로 나을 수 있어요. 이것을 **플라세보 효과**라고 해요. 의사들은 환자가 나아질 것이라고 기대하면, 뇌가 자극을 받아서 문제를 해결하려고 나서기 때문이라고 생각해요.

속임약은 여러 종류가 있어요.

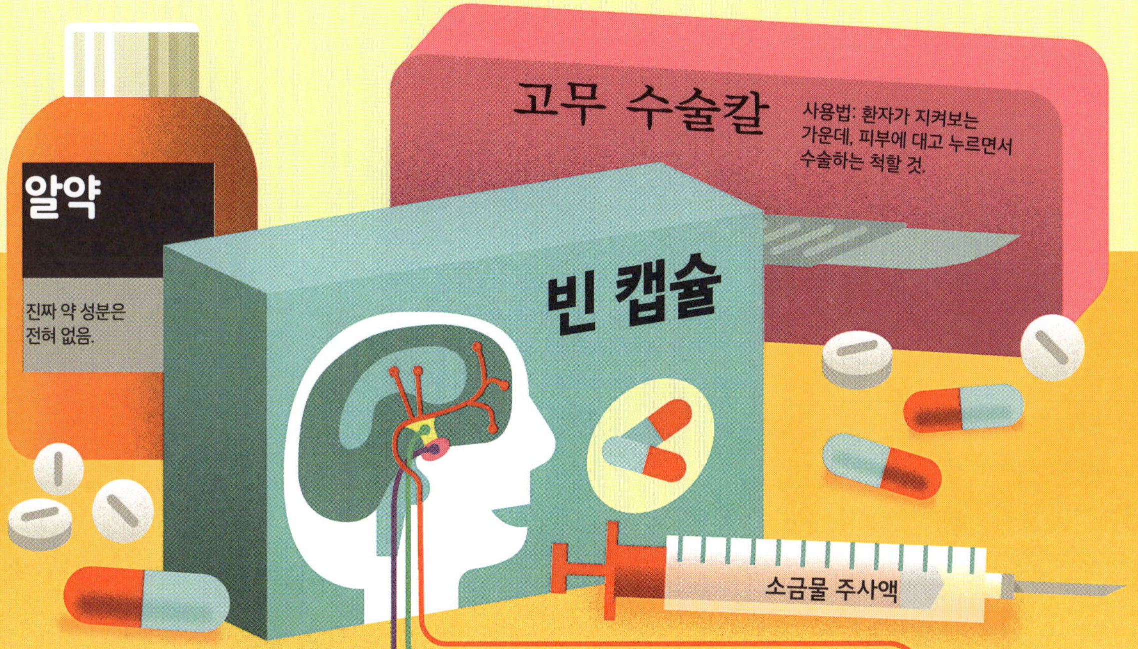

알약 — 진짜 약 성분은 전혀 없음.

고무 수술칼 — 사용법: 환자가 지켜보는 가운데, 피부에 대고 누르면서 수술하는 척할 것.

빈 캡슐

소금물 주사액

속임약에 속은 환자의 뇌에서 일어나는 일

- **엔도르핀** 같은 진통 호르몬을 분비해요.
- 근육과 신경을 **이완**시켜서 통증을 줄여요.
- 기분을 좋게 하고 머리를 맑게 하는 호르몬인 **도파민**을 분비해요.

플라세보 효과는 진짜 약의 효과를 높여 주기도 해요.

의사들은 환자가 진통제를 먹었다는 사실을 모르면 진통 효과를 덜 느낀다는 것을 알아냈어요.

의사가 환자를 속이려는 목적으로 속임약을 사용하는 것은 아니에요. 진짜 약이 더 잘 듣도록 속임약을 이용하는 것이지요.

43 피 빼기, 땀 내기, 토하기는...

옛날에 으레 쓰던 치료법이었어요.

약 500년 전, 유럽의 의사들은 고대 그리스의 질병 진단과 치료법들을 그대로 따랐어요. 사람의 몸에 들어 있는 기본적 액체, 즉 체액이 네 가지가 있고, 이 체액들의 균형이 깨지면 병이 생긴다고 믿었지요.

네 가지 체액

피
관련 질병:
심장이나 간의 통증

황담즙
관련 질병:
분노, 공격성 증가

흑담즙
관련 질병:
중양, 통증

점액
관련 질병:
우울증, 호흡 곤란

식단 바꾸기

부족한 체액을 보충하기 위해서 약초 등을 섞은 특별한 음식 또는 음료를 섭취하는 방법이에요.

체액 뽑아내기

피 또는 땀을 흘리거나 구토를 해서 몸에 많다고 여겨지는 액체를 배출하는 방법이에요.

치료

모든 병에는 단지 두 가지 기본적인 치료법이 쓰였어요.

고대 약초 요법 중에는 그 효과가 과학적으로 증명된 사례도 있어요. 하지만 체액 뽑아내기는 거의 모든 사람들에게 해를 끼치는 방법이에요.

44 말하거나 음식을 씹을 때…

귀도 깨끗해질 수 있어요.

귀는 병균에 감염되는 것을 예방하기 위해 늘 스스로 청소를 해요. **상피 세포**가 바깥으로 밀려 나오면서요. 상피 세포가 이동하는 속도는 원래 아주 느리지만, 말하거나 음식을 먹을 때처럼 턱을 움직이면 더 빨라지기도 해요.

상피 세포는 **바깥귀길**을 따라 이동해요. 바깥귀길은 고막에서 귓구멍까지 이어진 통로예요.

바깥귀길(외이도)

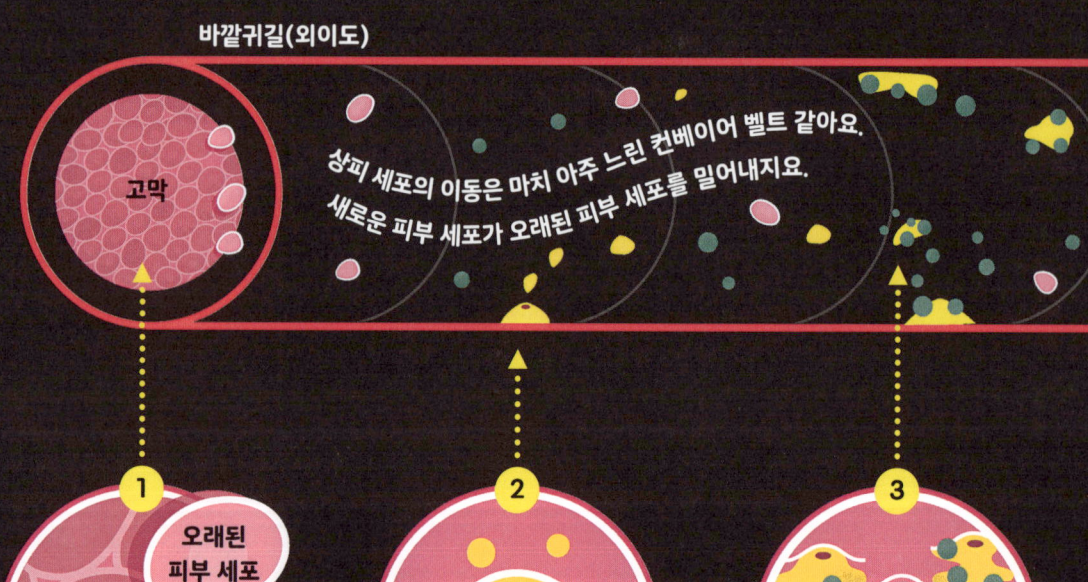

상피 세포의 이동은 마치 아주 느린 컨베이어 벨트 같아요. 새로운 피부 세포가 오래된 피부 세포를 밀어내지요.

1 고막에서 새 피부 세포가 생겨요. 그러면서 오래된 피부 세포들을 밖으로 밀어내지요.

2 바깥귀길의 벽에는 **귀지**라는 끈끈한 물질을 분비하는 샘들이 있어요.

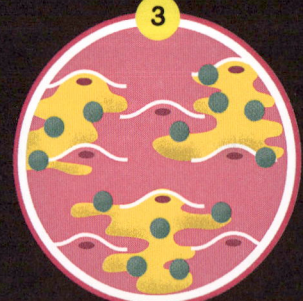

3 귀지에 먼지가 묻어요. 귀지에는 해로운 세균을 죽이는 화학 물질이 들어 있어요.

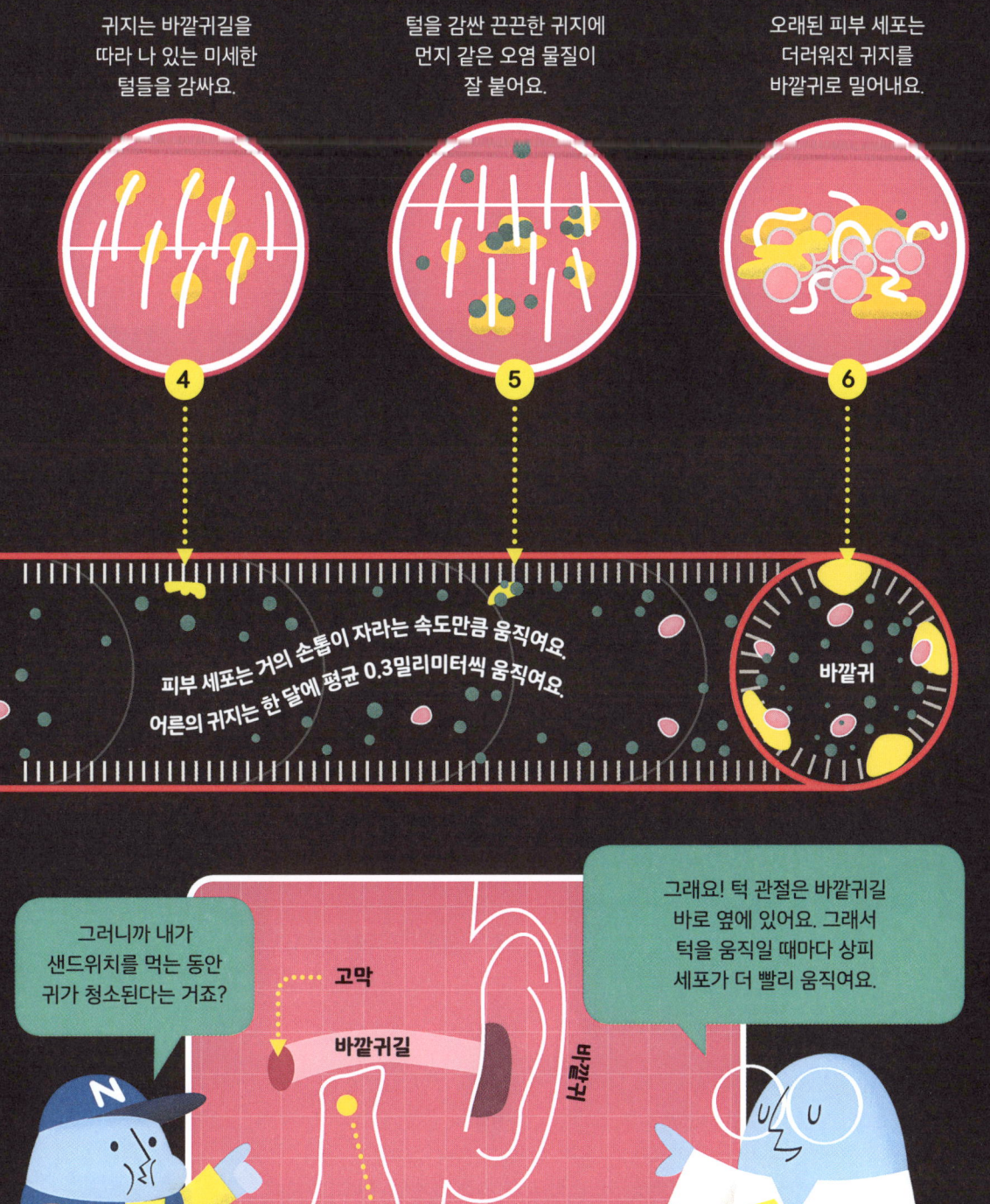

45 기계에 안기면…

진짜 사람이 껴안아 주는 것처럼 마음이 편안해질 수 있어요.

템플 그랜딘이라는 고등학생이 **포옹 기계**를 만들었어요. 사람이 껴안는 것처럼 온몸을 눌러 주는 기계지요. 그랜딘은 그 포옹 기계가 불안을 느끼는 사람들을 편안하게 해 주는 것을 발견했어요.

자폐증에 걸리면 시끄러운 소리가 나거나 누가 건드리기만 해도 금세 불안을 느껴요.

1947년
템플 그랜딘은 미국 매사추세츠 보스턴의 넉넉한 가정에서 태어났어요.

1949년
아직 말도 할 줄 모르던 만 두 살 때, 그랜딘은 **자폐증**을 보이기 시작했어요.

1961년
그랜딘은 애리조나에 있는 이모의 농장에 갔어요. 흥미롭게도 농부들이 몸을 눌러 주는 장치로 소를 달래고 있었어요.

1960년대
그랜딘은 불안감을 달래는 데 도움이 될 것 같아서 자기 몸을 눌러 주는 장치를 개발했어요. 그 기계는 다른 사람과 동물에게도 효과가 있었어요.

현재 포옹 기계는 자폐증과 ADHD라는 질환을 치료하는 데 쓰이고 있답니다.

46 아주 작은 거미가…

우리 얼굴에 살고 있어요.

우리 몸에는 온갖 작은 생물들이 살고 있어요. **모낭충**이라는 생물은 눈이나 코 주변의 피부에 있는 작은 구멍인 **털구멍**에 살아요. 모낭충은 거미 종류에 속해요. 8개의 다리로 기어 다니지요.

사람의 얼굴에 사는 모낭충은 두 종류예요.

데모덱스 브레비스

데모덱스 폴리쿨로룸

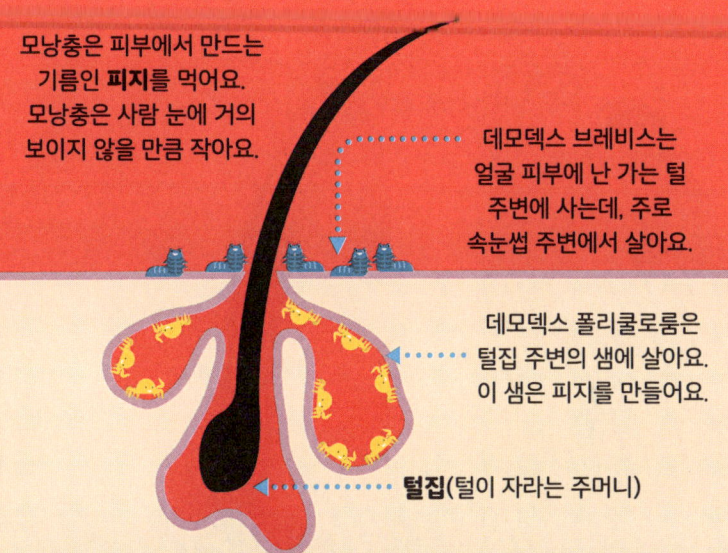

모낭충은 피부에서 만드는 기름인 **피지**를 먹어요. 모낭충은 사람 눈에 거의 보이지 않을 만큼 작아요.

데모덱스 브레비스는 얼굴 피부에 난 가는 털 주변에 사는데, 주로 속눈썹 주변에서 살아요.

데모덱스 폴리쿨로룸은 털집 주변의 샘에 살아요. 이 샘은 피지를 만들어요.

털집(털이 자라는 주머니)

47 아기는 손목에…

뼈가 없어요.

뼈는 부드러운 **연골**이 굳어져서 생겨요. 갓 태어난 아기는 뼈대가 아직 덜 자랐어요. 그래서 손목처럼 연골인 부위가 있지요.

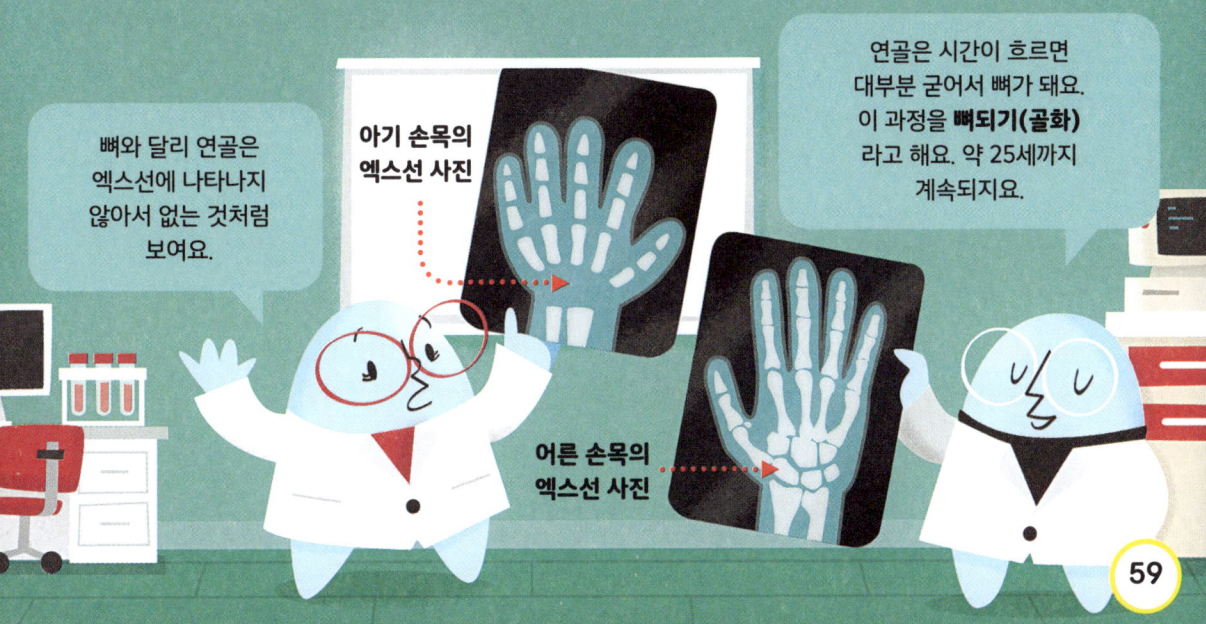

뼈와 달리 연골은 엑스선에 나타나지 않아서 없는 것처럼 보여요.

아기 손목의 엑스선 사진

어른 손목의 엑스선 사진

연골은 시간이 흐르면 대부분 굳어서 뼈가 돼요. 이 과정을 **뼈되기(골화)**라고 해요. 약 25세까지 계속되지요.

59

48 매일 수백만 명의 사람들이…

마음을 바꾸는 약을 먹고 있어요.

커피, 차, 콜라, 에너지 음료에는 모두 **카페인**이 들어 있어요. 카페인은 뇌에 빠르게 영향을 미치는 약물이에요.

커피 한 잔을 마시면, 카페인이 위를 통해 금방 피로 들어와요.

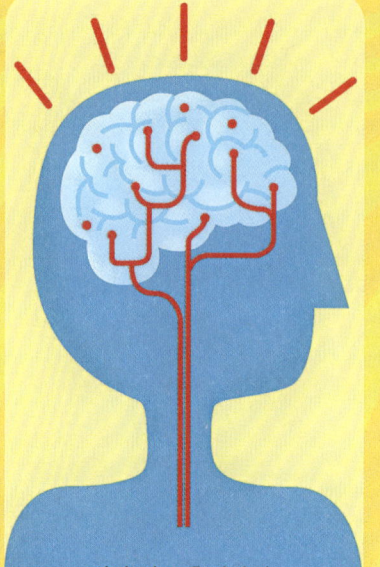

피가 뇌로 흘러가면, 피 속의 카페인이 뇌에 있는 화학 물질과 반응해서 졸린 느낌을 없애요.

뇌와 몸 사이에 오고가는 신호가 더 빨라지면서, 머리가 곧 맑아지는 느낌이 들어요.

큰 컵에 담긴 커피 한 잔에는 카페인이 100밀리그램 이상 들어 있어요. 카페인을 이만큼씩 매일 먹다가 끊으면, 기분이 좋지 않거나 몸이 아플 수 있어요.

이런 불편한 현상을 **금단 증상**이라고 해요. 다음과 같은 증상들이 나타나요.

불쾌한 기분
두통
집중력 저하

많은 사람들이 미처 모르고 먹는, **카페인**이 많은 음식들을 살펴보아요.

   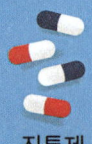  

차   커피   콜라   진통제   에너지 음료   초콜릿

49 암은 하나의 병이 아니라…

200가지가 넘는 병이에요.

우리 몸의 거의 모든 부위는 다양한 형태의 **암**에 걸릴 수 있어요. 암은 세포에서 시작되는 질병을 아우른 말이에요. 약 2,300년 전에 그리스 의사 히포크라테스가 사용한 말에서 유래되었지요.

히포크라테스는 정맥 속에서 집게 모양의 덩어리를 발견했어요. 그러고는 그 덩어리에 '카르키노스(karkinos)'라는 이름을 붙였어요. 그리스 어로 '게'라는 뜻이지요.

나중에 의사들은 그 단어를 라틴 어로 번역했고, 이후 '암(cancer)'이라는 영어 단어가 생겨났어요.

전 세계에서 해마다
1,250만 명
이상이 암에 걸렸다는 진단을 받아요.

하지만 적어도
2,800만 명
이상이 암을 이기고 현재 살아 있어요.

암은 어떻게 생길까요?

건강한 세포 / 종양 / 암세포

암은 거의 모든 세포에서 시작돼요. 암은 치료할 수도 있는데, 일찍 발견할수록 치료하기가 더 쉬워요.

세포는 본래 불어나는 성질이 있어요. 암은 적었던 세포가 걷잡을 수 없이 불어날 때 생겨요.

암세포가 모이면 **종양**이라는 덩어리를 만들기도 해요. 몸의 다른 부위로 퍼질 수도 있어요.

암종
기관과 샘에 생긴 암

육종
뼈와 근육 같은 조직에 생긴 암

림프종
면역계에 생긴 암

백혈병
피에 생긴 암

50 비행기를 타면…

방귀가 더 많이 나와요.

사람은 하루에 평균 10번쯤 방귀를 뀌어요. 그런데 비행기를 타고 높은 곳에 오르면 공기의 압력인 기압이 낮아져서 방귀가 더 많이 나와요.

방귀는 왜 나올까요?

1 먹은 음식은 대부분 창자에서 잘게 쪼개고 흡수해요.

2 하지만 창자가 소화하지 못한 일부 음식물은 세균이 분해를 해요. 이때 많은 기체가 생기는데, 냄새가 나는 기체도 나오지요.

3 뱃속에 기체가 너무 많아지면, 우리 몸은 밖으로 기체를 내보내요.

비행기에서 왜 방귀가 나올까요?

비행기가 높이 올라가면 비행기 안의 기압이 낮아져요.

그러면 몸속에서 기체가 팽창하고, 결국 방귀를 뀌게 되지요.

미안해요!

비행기에서는 방귀를 평소보다 거의 3배 더 많이 뀐대요.

51 강한 전기 충격은…

목숨을 구할 수도 있어요.

전기 충격은 우리 몸의 조직을 파괴하기 때문에 무척 위험해요. 하지만 응급 상황에서 적절한 방법으로 전기 충격을 가하면, 멈춘 심장을 다시 뛰게 할 수 있어요.

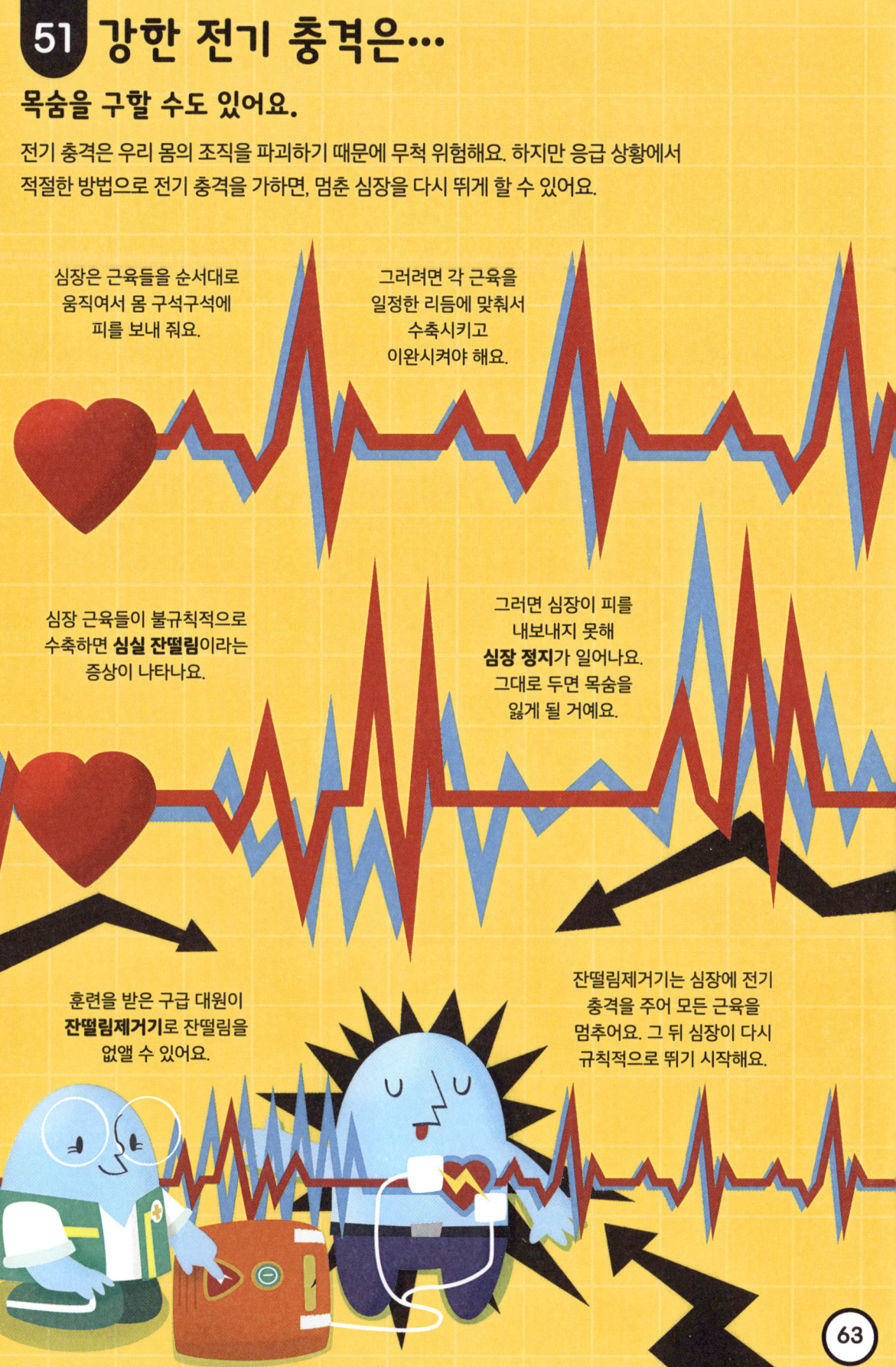

심장은 근육들을 순서대로 움직여서 몸 구석구석에 피를 보내 줘요.

그러려면 각 근육을 일정한 리듬에 맞춰서 수축시키고 이완시켜야 해요.

심장 근육들이 불규칙적으로 수축하면 **심실 잔떨림**이라는 증상이 나타나요.

그러면 심장이 피를 내보내지 못해 **심장 정지**가 일어나요. 그대로 두면 목숨을 잃게 될 거예요.

훈련을 받은 구급 대원이 **잔떨림제거기**로 잔떨림을 없앨 수 있어요.

잔떨림제거기는 심장에 전기 충격을 주어 모든 근육을 멈추어요. 그 뒤 심장이 다시 규칙적으로 뛰기 시작해요.

52 세계 최초의 코 성형 수술은…

적어도 5,000년 전에 이루어졌어요.

고대 이집트 유적지에서 발견된 의학 문서를 보면, 의사들이 코 성형 수술을 비롯하여 여러 수술을 했다고 나와 있어요.

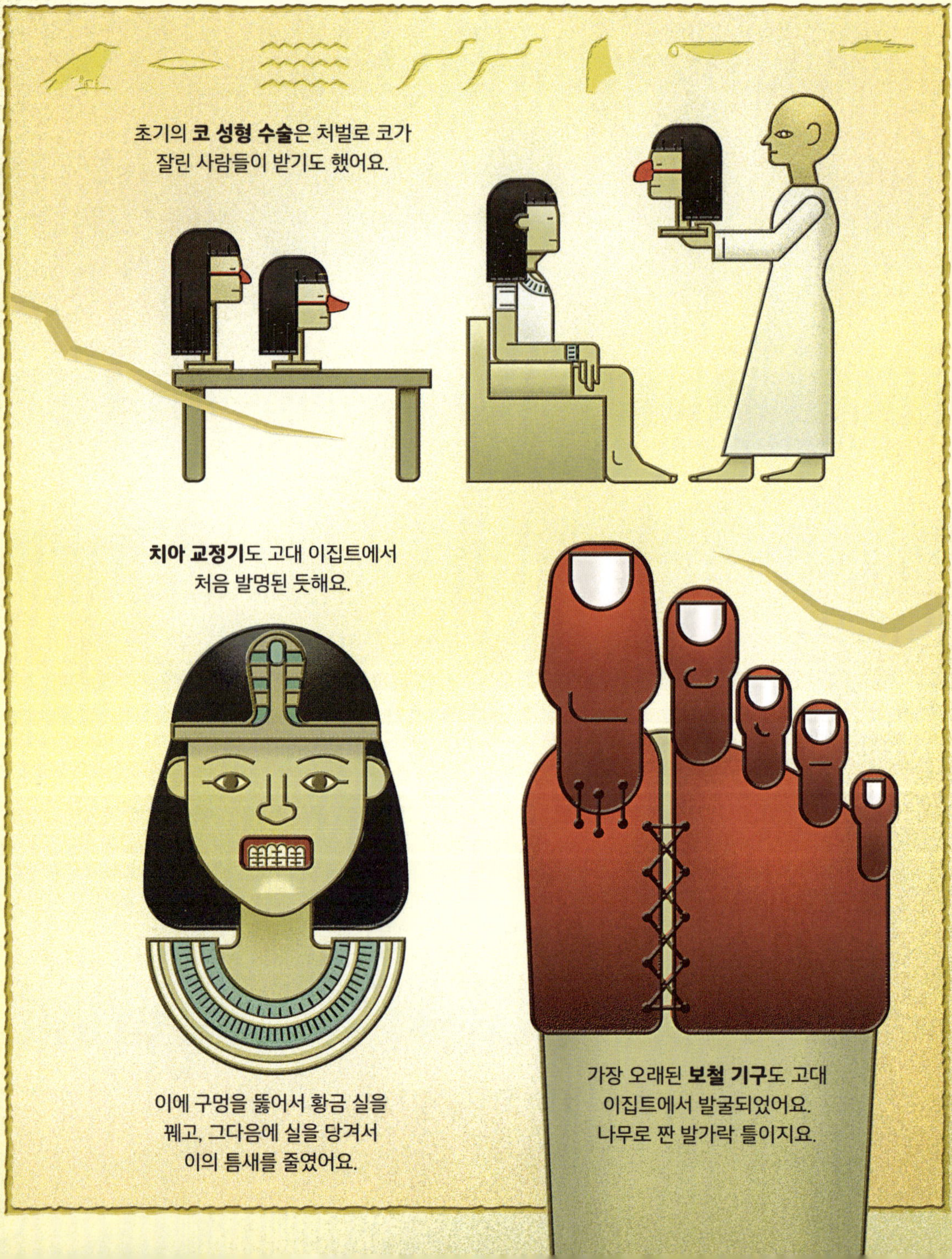

초기의 **코 성형 수술**은 처벌로 코가 잘린 사람들이 받기도 했어요.

치아 교정기도 고대 이집트에서 처음 발명된 듯해요.

이에 구멍을 뚫어서 황금 실을 꿰고, 그다음에 실을 당겨서 이의 틈새를 줄였어요.

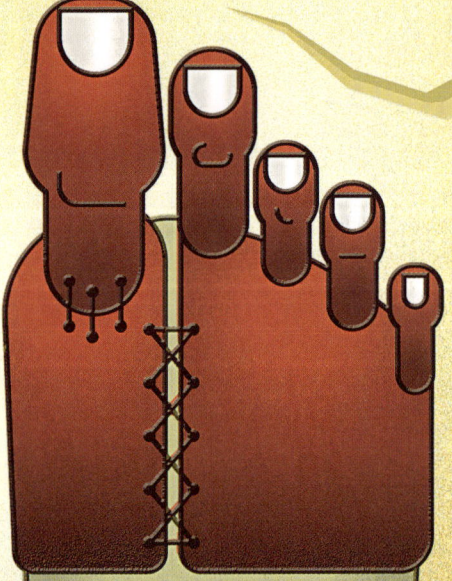

가장 오래된 **보철 기구**도 고대 이집트에서 발굴되었어요. 나무로 짠 발가락 틀이지요.

53 음식을 먹는 방식에 따라…

얼굴 모양이 바뀌어요.

오늘날 전 세계 사람들은 대개 윗니가 아랫니보다 약간 앞으로 나와 있어요. 어떤 전문가들은 그 이유가 음식을 도구로 작게 잘라서 먹는 습관 때문이라고 생각해요.

고대의 식사법
앞니로 음식물 덩어리를 찢어서 씹어요.

현재의 식사법
먼저 음식물을 자른 다음, 작은 조각을 씹어요.

음식물을 물고 찢기에 알맞아요.

작은 음식물을 씹기에 알맞아요.

젓가락이나 포크가 발명되기 전에 살았던 사람들의 머리뼈를 보면, 위아래 앞니가 바르게 맞물려 있어요.

젓가락이나 포크를 사용한 시대의 사람들의 머리뼈를 살펴보면 대개 윗니가 아랫니에 걸쳐 있어요.

전문가들은 사람들이 작은 음식물을 더 잘 씹기 위해 자신도 모르게 앞니를 밀면서 윗니가 아랫니보다 튀어나오게 되었다고 생각해요. 이후 오랜 시간이 지나면서 턱의 모양까지도 바뀌었다는 것이지요.

54 금발은 다른 색깔의 머리카락보다…

머리숱이 더 많아요.

몸의 털은 모두 **털집**이라는 좁은 통로를 통해 자라나요. 금발인 사람은 다른 색깔의 머리카락을 지닌 사람보다 대개 머리 피부에 털집이 더 많고 머리카락도 더 많이 자라요.

털집의 모양에 따라 머리카락이 곧을지 구부러질지 결정돼요.

휘어진 털집에서 자란 머리카락은 **심한 곱슬머리**예요.

그보다 덜 휜 털집에서 자란 머리카락은 **반곱슬머리**예요.

털집이 곧으면, 머리카락도 **곧게** 자라요.

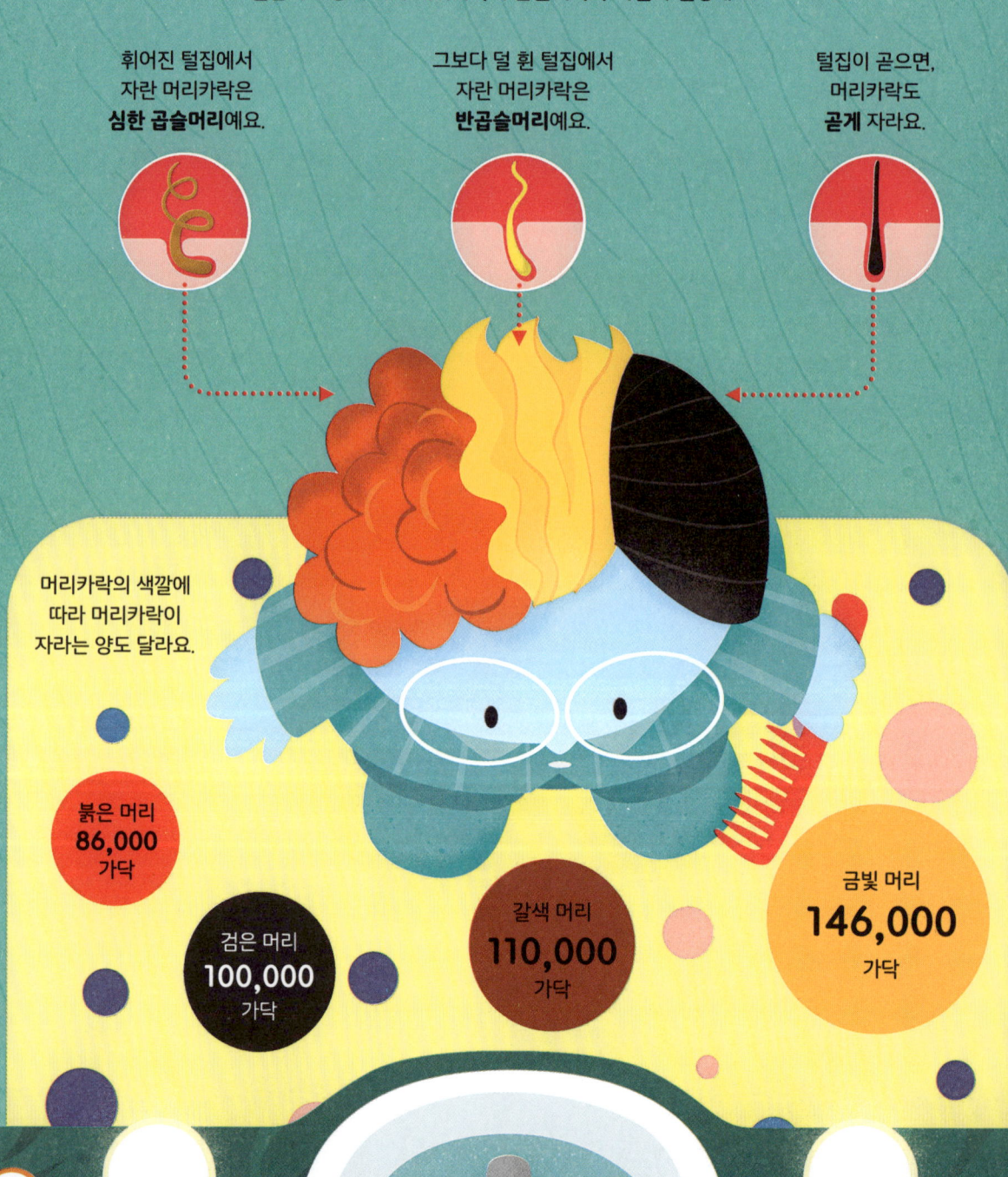

머리카락의 색깔에 따라 머리카락이 자라는 양도 달라요.

붉은 머리 **86,000** 가닥

검은 머리 **100,000** 가닥

갈색 머리 **110,000** 가닥

금빛 머리 **146,000** 가닥

55 달리거나 뛰면…

피가 힘차게 돌아요.

심장이 한 번에 뿜어내는 피의 양을 **심장박출량**이라고 해요. 운동을 하면 심장박출량이 크게 늘어날 뿐만 아니라, 온몸에 피가 분포하는 비율도 달라져요.

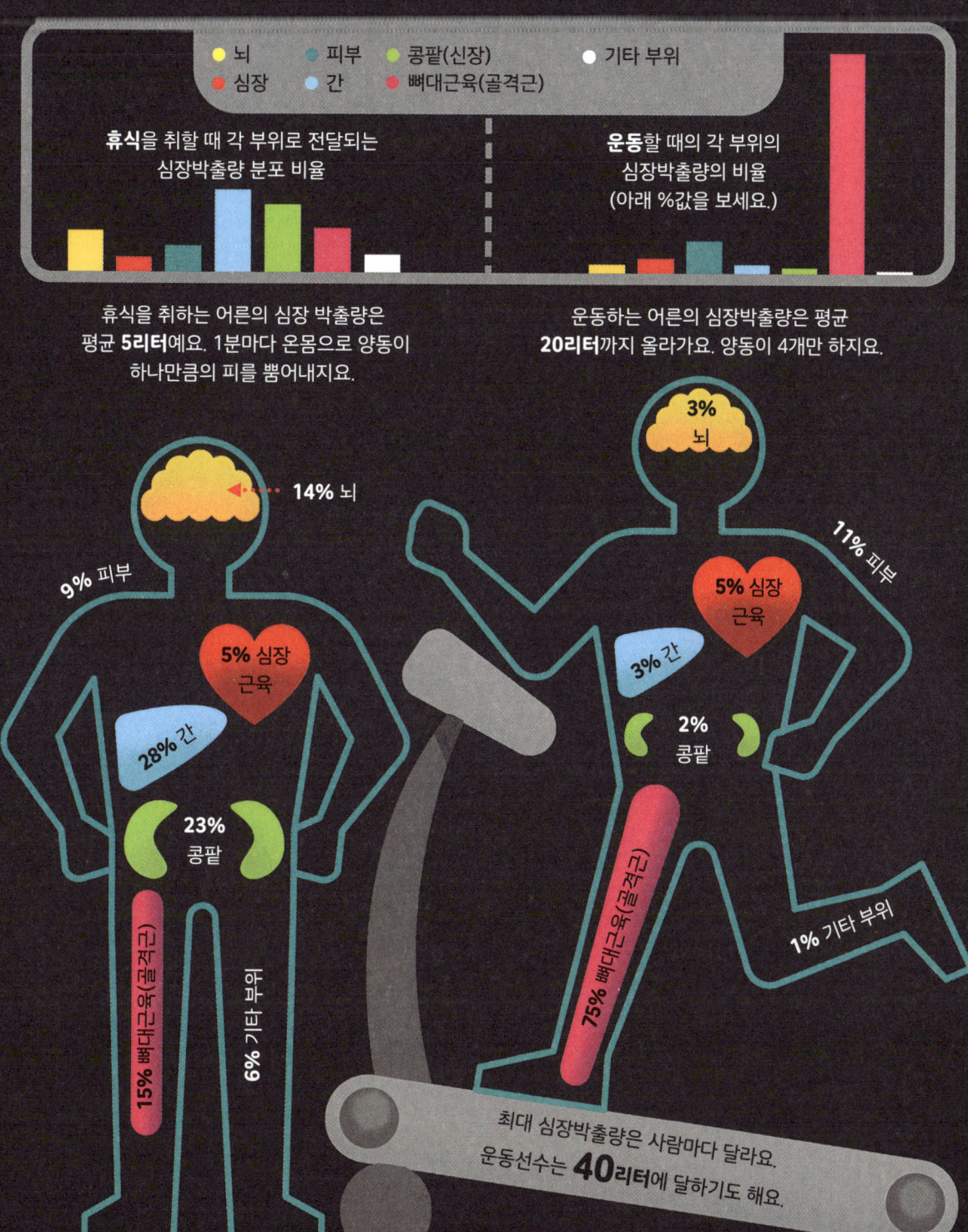

56 사람은 동물 중에서 유일하게…

턱끝을 지니고 있어요.

턱끝은 **아래턱뼈**의 일부예요. 많은 동물들이 아래턱뼈를 지니지만, 사람만 끝이 뾰족하게 튀어나와 있어요. 그밖에도 오직 사람만이 지니고 있는 몇 가지 특징을 아래에서 살펴보아요.

눈의 흰자위

공막(흰자위막)
홍채
눈동자

공막이 뚜렷이 보이는 동물은 사람뿐이에요. 그래서 남이 어디를 보고 있는지를 쉽게 알아볼 수 있어요.

계속 자라는 수염

수염이 끝없이 자라는 동물은 사람밖에 없어요.

구부러지는 손가락

엄지손가락으로 넷째손가락과 새끼손가락을 건드릴 수 있는 동물은 사람밖에 없어요.

자식을 낳을 수 있는 나이가 지난 뒤에도 오래 살아가는 동물은 사람뿐이에요.

코끼리는 아래턱에 턱끝과 비슷한 구조가 있어요. 그것을 진짜 턱끝이라고 봐야 할지를 놓고 생물학자 사이에 의견이 엇갈려요.

57 우리의 턱끝은…

자연의 우연한 사건으로 생긴 거예요.

사람에게 왜 턱끝이 생겼는지 사실 아무도 몰라요. 아래턱과 달리, 턱끝은 씹거나 말하는 데 필요하지 않거든요. 가장 많이 받아들여진 한 이론은 다른 신체 기관이 발달하면서 턱끝이 우연히 같이 생겼다는 거예요. 이런 경우를 **스팬드럴(부산물)**이라고 해요.

스팬드럴은 건축학에서 유래한 용어예요. 아치 사이의 빈 공간을 뜻해요.

스팬드럴은 아름답게 보일지 모르지만, 건물 구조에는 아무런 역할을 하지 않아요.

피의 붉은색도 스팬드럴이에요. 피에 든 화학 물질 때문에 붉게 보일 뿐이죠.

사람은 **자신이 무엇을 생각하고 있는지를 생각**할 수 있는 유일한 동물일지도 몰라요. 이 능력도 스팬드럴일 수 있어요.

남자의 젖꼭지도 기능이 불분명하기 때문에 스팬드럴이라고 할 수 있어요.

스팬드럴이라고 해서 사람에게 중요하지 않다는 뜻은 아니에요.

예술을 창작하려는 욕구도 스팬드럴로 볼 수도 있어요.

58 우리는 팔을 움직이지 않고서는…

손가락을 움직일 수 없어요.

우리는 **근육**으로 뼈를 당겨서 몸의 각 부위를 움직여요. 뼈를 움직이는 근육은 대부분 그 뼈 옆에 있어요. 하지만 손가락을 움직이는 근육은 손가락에서 멀리 떨어져 있어요. 아래팔에 있지요. 그래서 손가락을 움직이려면 팔의 특정한 부위도 같이 움직여야 해요.

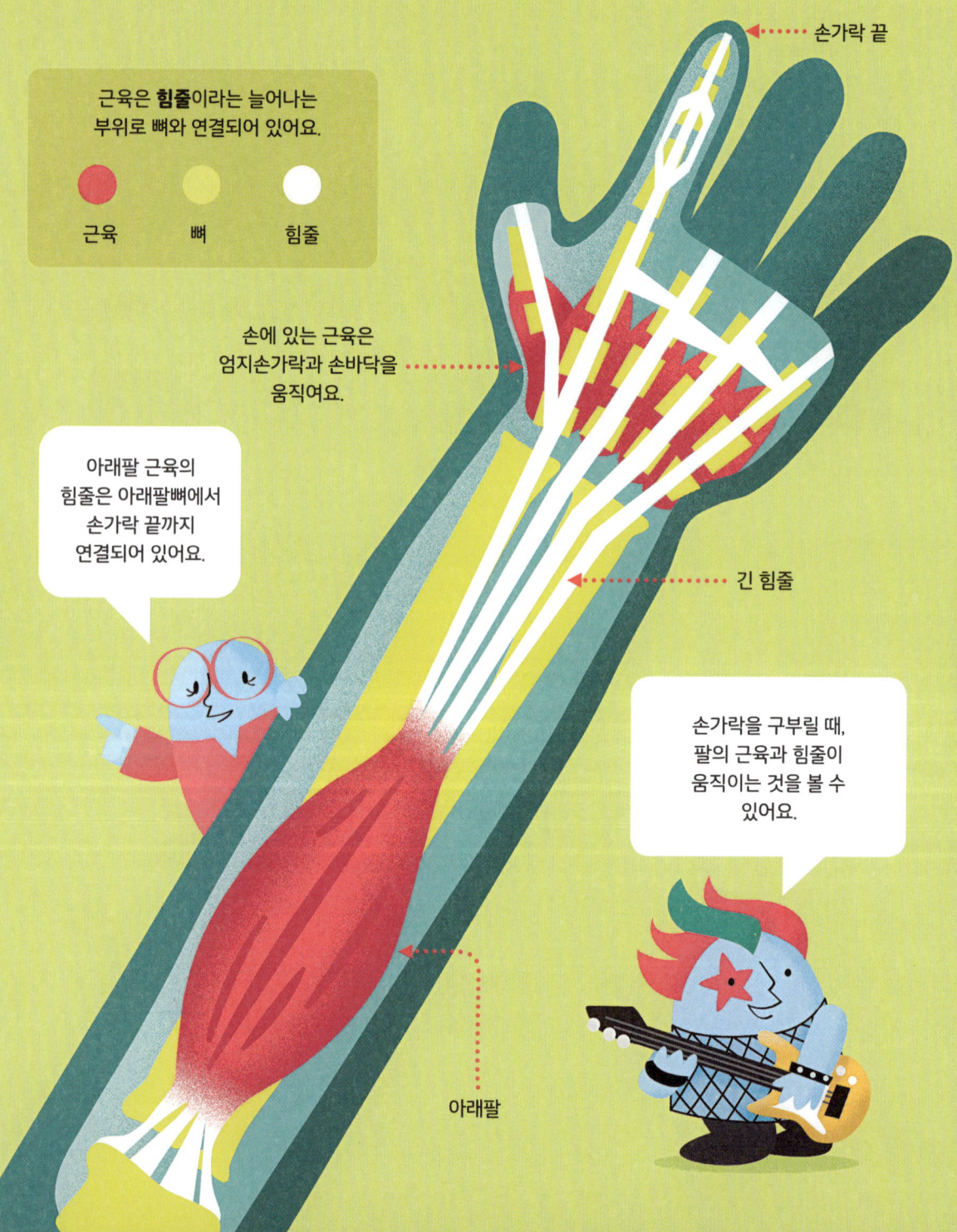

근육은 **힘줄**이라는 늘어나는 부위로 뼈와 연결되어 있어요.

● 근육　● 뼈　○ 힘줄

손가락 끝

손에 있는 근육은 엄지손가락과 손바닥을 움직여요.

아래팔 근육의 힘줄은 아래팔뼈에서 손가락 끝까지 연결되어 있어요.

긴 힘줄

손가락을 구부릴 때, 팔의 근육과 힘줄이 움직이는 것을 볼 수 있어요.

아래팔

59 배에 문제가 생기면…

어깨가 아플 수 있어요.

어떻게 된 걸까요?
가로막에서 오는 **신경 신호**가 뇌에 도착하기 전에 목과 어깨에서 오는 신호와 합쳐져요.

- 신경
- 가로막
- 위

뇌는 신호가 어느 부위에서 오는지를 가끔 헷갈려요. 그래서 통증이 다른 부위에 있다고 생각하게 되는데, 이것을 **연관 통증**이라고 해요.

연관 통증은 몸의 각 기관에도 영향을 미칠 수 있어요.

60 에베레스트 산을 오르다가...

뇌가 다칠 수 있어요.

높은 산에서는 기압이 해수면보다 낮고 산소의 양이 적어요. 너무 빨리 높은 곳에 오르면, 우리 몸이 산소가 급격하게 줄어드는 환경에 잘 적응하지 못해요. 심하면 뇌에 손상을 입을 수 있어요.

에베레스트 산 꼭대기는 기압이 해수면의 3분의 1이에요. 공기에 든 산소 분자도 3분의 1에 불과해요.

높이 올라갈수록, 들이쉴 산소 분자가 줄어들어요. 다라서 산소를 충분한 산소를 들이마시려면 더 빠르고 깊게 숨을 쉬어야 해요.

에베레스트 산
8,838미터

극한 고도

너무 높은 곳에 다다르면 심한 고산병에 걸릴 수 있어요. 고산병은 허파와 뇌의 혈관에서 체액이 빠져나가 뇌세포가 손상되는 병이에요.

증상: 구토, 정신 착란, 기억 상실, 환각

5,500미터 이상

시간이 충분하게 주어진다면 우리 몸은 산소가 적은 환경에 적응할 수 있어요. 이를 **기후순응**이라고 해요. 기후순응에는 1일에서 7일까지 걸릴 수 있어요.

매우 높은 고도

중간 정도의 고산병이 나타날 수 있어요.

증상: 두통, 욕지기, 호흡 곤란, 보행 장애

높은 고도

고산병이 약하게 나타날 수 있어요.

증상: 두통, 욕지기, 어지럼증, 수면 장애

해수면

대기를 이루는 엄청난 양의 공기가 위에 있어요.

모든 공기 분자가 위에서 누르는 압력을 **기압**이라고 해요.

3,500미터 이상 | 2,500미터 이상 | 평균 해수면

61 우리 몸은 아주 추운 상태가 되면…

손가락과 발가락을 버릴 거예요.

꽁꽁 얼어붙는 추운 곳에서 오래 머물면, 우리 몸은 살기 위해 손가락, 발가락, 귀 같은 끝부분에 흐르던 피를 스스로 멈춰요. 그러면 결국 그 부위들은 몸에서 떨어져 나갈지도 모르지만, 나머지 부위는 체온을 지킬 수 있어요.

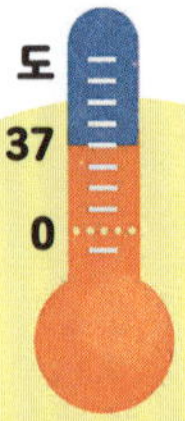

우리 몸은 약 37도에서 가장 잘 작동해요.

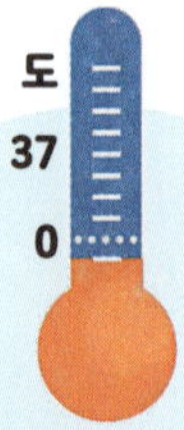

온도가 떨어지면, 손가락과 발가락의 피가 빠르게 식어요. 그러면 몸속 깊은 곳의 체온도 떨어져요.

그래서 우리 몸은 주요 장기를 보호하기 위해 손끝과 발끝으로 이어진 혈관을 좁혀서 피를 조금만 보내요.

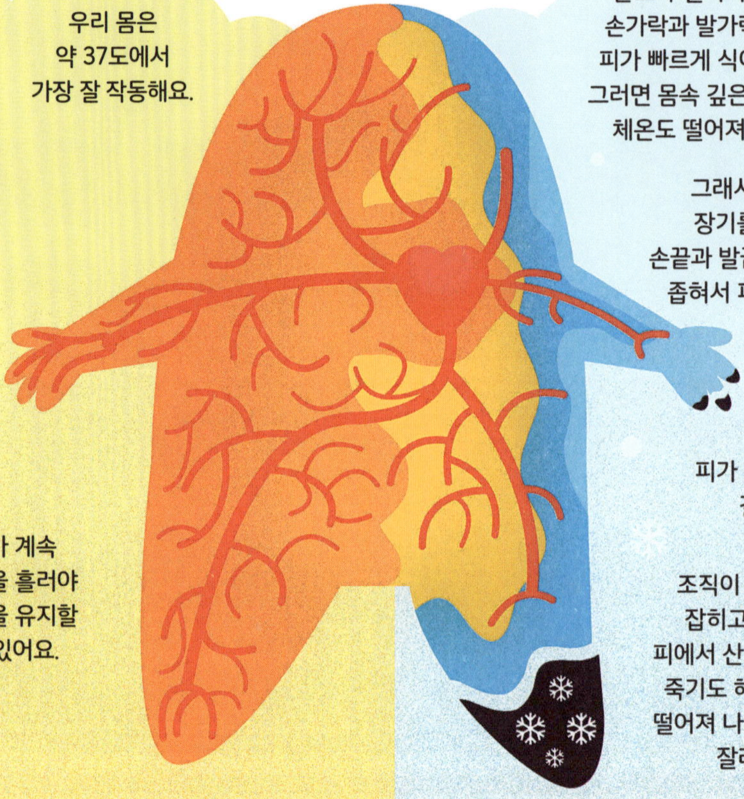

피가 계속 몸속을 흘러야 체온을 유지할 수 있어요.

피가 돌지 않으면 **동상**에 걸릴 수 있어요.

조직이 얼면서 피부는 물집이 잡히고 검게 변해요. 세포는 피에서 산소와 영양분을 받지 못해 죽기도 해요. 그러면 손발가락이 떨어져 나가거나 감염을 막기 위해 잘라야 할 수 있어요.

많은 극지 탐험가나 등반가들이 동상에 걸려 신체 부위를 잃었어요.

벡 웨더스
1996년 에베레스트 산을 오르다가 코, 손, 손가락 끝을 잃었어요.

래널프 파인스 경
2000년 북극 탐험에 나섰다가 왼손 손가락 끝을 잃었어요.

링컨 홀
2006년 에베레스트 산을 오르다가 발가락 하나와 손가락 끝 8개를 잃었어요.

62 사람은 반딧불이처럼…

어둠 속에서 빛을 내요.

우리 몸도 반딧불이 같은 동물들과 마찬가지로 빛을 내요. 하지만 우리 몸이 내는 빛은 너무 약해서 우리 눈에는 보이지 않아요.

생물이 스스로 내는 빛을 **생물 발광**이라고 해요. 분자들이 서로 반응해서 작은 불꽃같은 **광자**를 만들면서 생기지요.

빛은 얼굴에서 가장 많이 나요.

반딧불이

우리 몸이 만드는 빛은 눈으로 볼 수 있는 빛보다 약 1,000배 약해요.

약한 빛   강한 빛

완전히 캄캄한 방에서 빛 감지 장치가 달린 아주 정교한 카메라로 보면 비로소 보이지요.

여기 발광 생물들은 특수한 카메라 없이도 볼 수 있을 만큼 강한 빛을 내요.

발광 오징어

스위마

수정해파리

상자해파리

63 세계에서 키가 가장 큰 사람은…

가장 작은 사람보다 키가 약 5배 더 커요.

사람의 몸은 크기와 모습이 아주 다양해요. 그중에서도 아주 놀라운 모습의 사람들을 살펴보아요.

키가 가장 큰 남자
로버트 워들로, 미국
(1918~1940)
272센티미터

키가 가장 큰 여자
쳉진리안, 중국
(1964~1982)
248센티미터

평균 남자 키   173센티미터
평균 여자 키   160센티미터

키가 가장 작은 남자
찬드라 바하두르 당기,
네팔(1939~2015)
54.6센티미터

키가 가장 작은 여자
폴린 머스터스, 네덜란드
(1876~1895)
58센티미터

혀가 가장 넓은 사람
바이런 슬렌커, 미국
(1968~)
8.6센티미터

손톱이 가장 긴 사람(남자)
쉬리다르 칠랄, 인도
(1937~)
909.6센티미터 (엄지손톱 197.8센티미터)

머리카락이 가장 긴 사람
시치우핑, 중국
(1960~)
5.6미터

입이 가장 넓은 사람
프란체스코 요아킴, 앙골라(1990~)
17센티미터

목소리가 가장 큰 사람
애널리사 플래니건, 영국
(1975~)
121데시벨

코가 가장 긴 사람
메흐메트 오지우레크, 터키
(1949~)
8.8센티미터

혀가 가장 긴 사람
닉 스토벌, 미국
(1990~)
10.1센티미터

64 아기는 뱃속에 있을 때…

숨을 쉬지 않아요.

자궁에 있는 태아의 허파에는 액체가 가득해요. 그래서 숨을 쉬어서 산소를 마실 수 없어요.
태아는 숨을 쉬지 않는 대신 **탯줄**을 따라서 엄마로부터 직접 산소를 받아요.

태아의 모습

아기는 **양수**라는 액체에 담겨 있어요. 허파에 든 액체도 양수예요.
양수는 아기를 보호하고 허파가 발달하도록 도와줘요.

- 태반
- 자궁
- 탯줄을 통해 산소가 담긴 엄마의 피가 아기의 몸에 전달돼요.
- 양수

출산할 때
아기가 태어나는 동안 허파가 눌리면서 양수가 대부분 밖으로 빠져나가요.

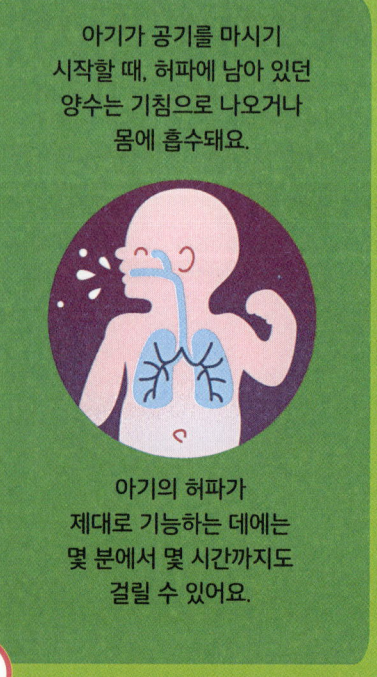

아기가 공기를 마시기 시작할 때, 허파에 남아 있던 양수는 기침으로 나오거나 몸에 흡수돼요.

아기의 허파가 제대로 기능하는 데에는 몇 분에서 몇 시간까지도 걸릴 수 있어요.

갓난아기의 울음

아기의 첫 울음은 허파가 일을 시작했다는 뜻이에요.

65 과거에는 머리에 구멍을 뚫어서…

정신병을 치료하려 하기도 했어요.

머리뼈에 구멍을 뚫는 수술인 **천공술**은 세상에서 가장 오래된 수술 방법 중 하나예요.
옛날 서양에서는 그저 구멍을 뚫는 것만으로도 병이 나을 거라고 생각했어요.
지금은 복잡한 수술의 여러 과정 중 하나일 뿐이지요.

고대의 수술

구멍 뚫린 머리뼈는 전 세계에서 발견되었는데, 그 중에는 약 8,000년 전의 머리뼈도 있었어요.

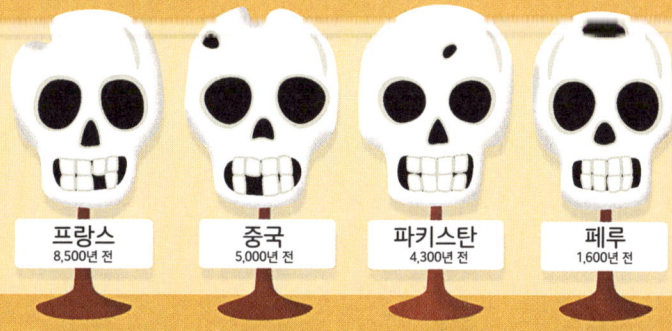

프랑스
8,500년 전

중국
5,000년 전

파키스탄
4,300년 전

페루
1,600년 전

중세의 정신병 치료

약 600년 전, 서양에서는 머리뼈에 구멍을 내면 머릿속에 갇혀 있던 악마가 빠져 나가 정신 질환이 치료된다고 생각했어요.

금방 나아질 겁니다.

천공술이 좋은 이유!
- 대부분의 환자는 살아남습니다.
- 고통을 줄여 줍니다.
- 구멍은 곧 회복됩니다.

주의 사항:
뇌가 손상되거나 사망에 이를 수 있음

현대의 천공술

머리뼈 절개술이라는 현대 수술법은 천공술과 비슷해요.

뇌 수술을 하기 위해 머리뼈 일부를 잘라 내는 수술이지요.

수술한 뒤, 잘라 낸 뼈를 다시 붙여요.

뇌종양 등 아주 심각한 병의 원인을 제거할 때만 쓰는 방법이에요.

66 의사는 몸 바깥에서 귀를 기울여서…

환자의 몸 상태를 알 수 있어요.

의사는 청진기로 환자의 몸속에서 나는 소리를 들어요. 그 소리는 공기나 체액이 움직이는 소리예요. 소리만 듣고 병을 진단할 수 있기도 해요. 이런 진료 방법을 **청진**이라고 해요.

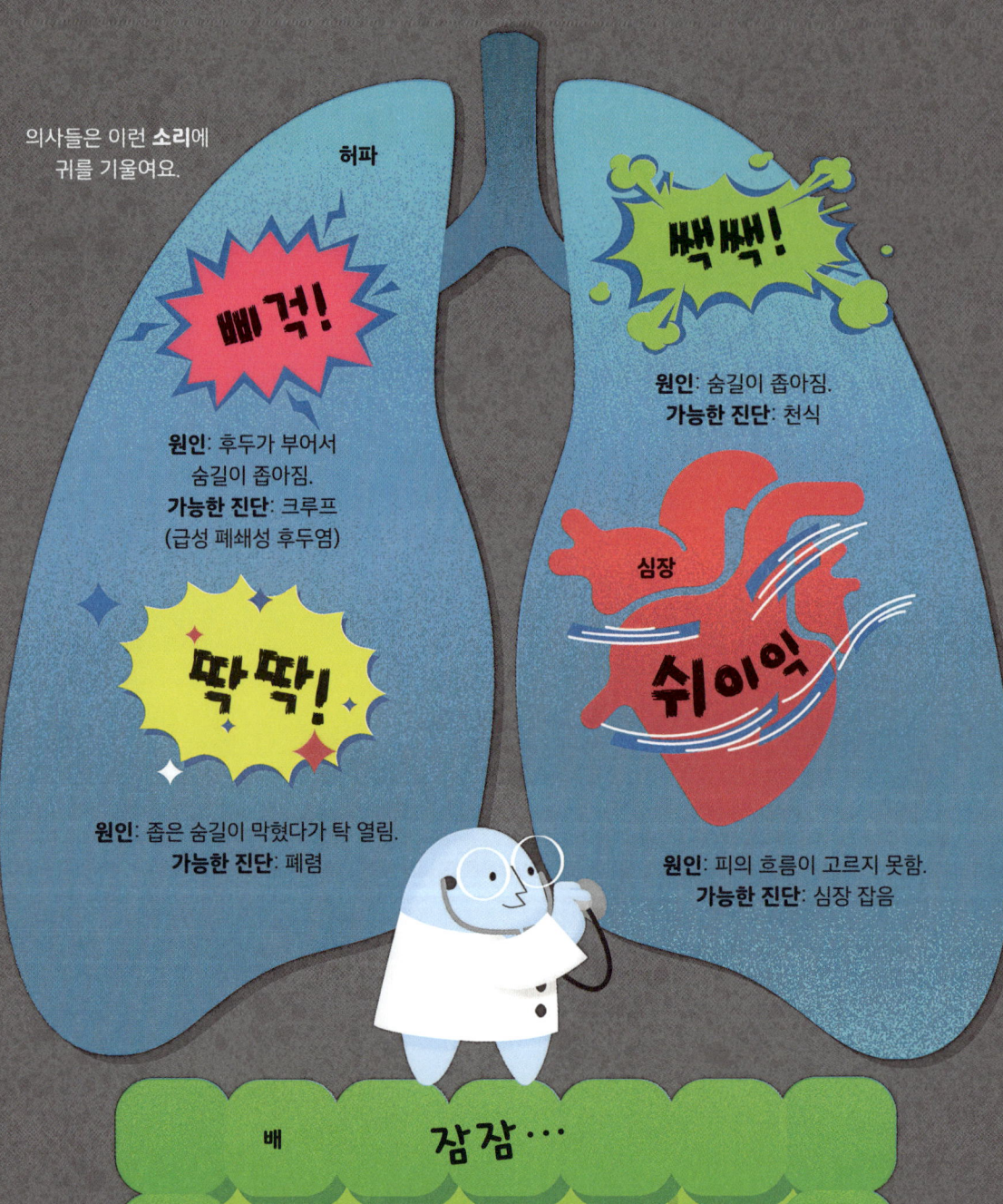

67 아이스크림을 먹으면...

두통에 걸릴 수 있어요.

아주 차가운 음식을 먹으면, 머리에 있는 통증 수용체들을 일시적으로 자극하는 반응이 잇따라 일어날 수 있어요. 흔히 **아이스크림 두통**이라고 하고, 영어로는 **브레인 프리즈(brain freeze)** 라고 해요. 어려운 전문 용어로는 '나비입천장 신경절 신경통'이에요.

차가운 음식을 먹으면 왜 머리가 아픈지 정확히 아는 사람은 아무도 없어요. 하지만 가설이 하나 나와 있어요.

4. 통증 수용체가 잠시 활동하면서 뇌에 아프다는 신호를 보내요.

3. 팽창한 혈관이 입 위쪽과 코 뒤쪽에 있는 통증 수용체들을 눌러요.

2. 입천장의 혈관들이 체온을 조절하기 위해 빠르게 열렸다 닫혀요.

1. 차가운 아이스크림이 입천장에 닿아요.

68 어떤 사람들은 단어의 맛을 느끼거나…

숫자의 냄새를 맡기도 해요.

거의 모든 사람들의 뇌는 소리를 바로 소리로 받아들여요. 하지만 어떤 사람들은 소리를 들었을 때 맛이나 냄새도 함께 느끼기도 해요. 이렇게 하나의 감각이 다른 감각을 불러일으키는 현상을 **공감각**이라고 해요.

뇌는 소리를 어떻게 들을까요?

1. 공기가 진동하면서 귀로 들어와요.
2. 귀에 있는 감각 수용기가 진동을 전기 신호로 바꿔요.
3. 전기 신호가 신경 세포들의 연결망을 통해서 뇌로 전달돼요.
4. 어느 특정한 신경망에서 신호가 처리되면서 소리를 듣는다고 지각해요.

공감각은 어떻게 생길까요?

1. 감각 수용기가 진동을 전기 신호로 바꿔요.
2. 전기 신호가 곳곳의 신경 세포로 전달되고, 때로는 여러 신경망을 통해 뇌로 나아가요.
3. 여러 신경망이 작동하면서 소리뿐 아니라 맛, 냄새, 빛 등 다양한 감각을 느껴요.

공감각은 사람마다 다르게 느껴요.

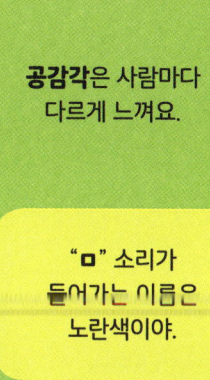

"ㅁ" 소리가 들어가는 이름은 노란색이야.

7이 들어간 숫자는 오렌지 냄새가 나지.

%라는 기호는 젤리 맛이 나.

아니야! 분필 맛이야.

왜 공감각을 느끼는지는 아무도 몰라요. 하지만 200명 중 약 1명꼴로 공감각을 느낀대요.

69 우리가 착각을 했는데도…

뇌에서는 그 사실을 알아차리지 못할 수도 있어요.

뇌는 주변의 사물들이 무엇인지 알아내기 위해 감각 기관을 이용해요. 그런데 뇌에 거짓 정보를 주면, 뇌는 그 감각이 진짜인지 착각인지 구별하지 못해요.

빛, 소리, 촉감 같은 감각을 흉내 내어 뇌에 직접 신호를 보내는 것도 가능해요.

만약 외계인이 우리의 뇌를 컴퓨터에 연결하여 조종한다고 해도, 그 사실을 알아차리지 못할 수도 있어요.

70 한 사람이 머리카락에···
작은 규모의 군대가 매달릴 수 있어요.

머리카락은 부드럽고 어느 방향으로든 구부러지지만, 믿어지지 않을 만큼 튼튼해요. 그 비밀은 머리카락의 구조에 있어요. 머리카락 안에는 튼튼한 단백질 사슬이 들어 있거든요.

머리카락의 안쪽 모습

머리카락은 가느다란 섬유질이 빽빽하게 엮인 모양이에요.

그 섬유질은 더 가느다란 섬유질이 엮여서 만들어져요.

사람의 평균 머리카락 개수는 약 **10만 가닥**이에요.

그러면 한 사람의 모든 머리카락으로 약 **10톤**의 무게를 견딜 수 있어요. 이 무게는 갑옷을 입은 기사 약 100명의 무게지요.

그 안에는 더욱더 가느다란 섬유질이 들어 있답니다.

이 섬유질은 **케라틴**이라는 단백질로 이루어져 있어요. 케라틴은 마치 튼튼한 사슬처럼 단단히 결합되어 있지요.

케라틴은 용수철처럼 늘리고 구부려도 끊어지지 않아요.

머리카락 한 가닥은 **100그램**(비누 한 개의 무게)을 견딜 수 있어요.

71 일부러 병균을 몸속에 들이면…

나중에 병에 걸리지 않을 수 있어요.

예방 접종은 몸이 어떤 질병과 맞서 싸울 수 있도록 미리 훈련을 시키는 거예요. 약하게 만든 병균에 적응하고 나면, 몸은 나중에 진짜 병균에 대처하는 방법을 터득하게 되지요.

예방 접종은 어떤 병을 일으키는 **항원**이라는 병균을 조금 몸에 집어넣는 거예요.

우리 몸의 면역계는 항원을 없애기 위해 **항체**를 만들어요.

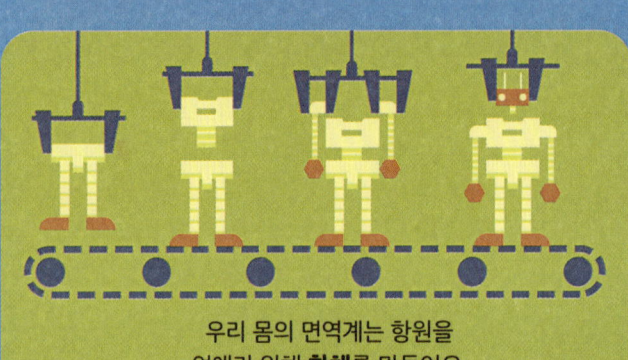

이후 우리 몸은 항체를 만드는 법을 기억해요.

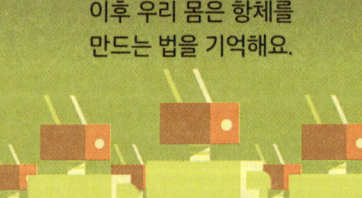

항체를 계속 만들면서 병균의 침입에 대비하지요.

나중에 병균이 몸속에 침입할 경우, 곧바로 항원과 싸워 이겨서 병을 피해요. 이 과정을 **면역**이라고 해요.

72 우유를 짜는 사람들 덕분에…

치명적인 병 하나를 없앴어요.

천연두는 피부에 심한 염증과 통증을 일으키는 병으로 수많은 사람들의 목숨을 앗아 갔어요. 처음에는 천연두 예방 접종을 받은 환자들이 부작용으로 죽었어요. 그러다 마침내 안전한 접종법을 만들어 냈고, 지금은 천연두가 사라졌어요.

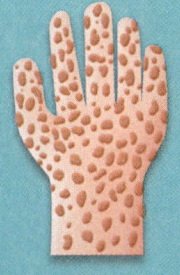

1000년대
최초의 예방 접종은 중국에서 시작했어요. 고름이 생긴 딱지를 통해 병균을 옮겼어요. 하지만 이 방법은 병균이 몸속에 너무 많이 들어가서 병을 일으켰지요.

1720년대
영국인 여행가 **메리 몬터규 부인**은 터키에서 예방 접종하는 광경을 봤어요. 고국으로 돌아온 부인은 사람들에게 그 이야기를 들려줬지요.

1770년대
에드워드 제너라는 의사는 우유를 짜는 사람들이 천연두에 잘 걸리지 않는다는 말을 들었어요. 소의 젖을 짜는 과정에서 천연두와 비슷하지만 더 가벼운 '우두'라는 병에 이미 걸렸기 때문이에요.

1790년대
제너는 우두 접종법을 개발했어요. 그 접종은 천연두도 막아 주었지요. 우두 항원이 천연두 항원과 매우 비슷했거든요.

제너는 자신의 치료법을 **백신 접종**이라고 했어요. 소를 가리키는 라틴 어(vacca)에서 따온 말이에요.

1980년 천연두 사라지다
백신 접종이 전 세계에서 이루어지면서, 결국 천연두는 사라졌어요.

73 항문이 우리 몸의 다른 부위보다…

가장 먼저 자라요.

우리는 **배아**라는 아주 작은 공에서 시작되었어요. 배아가 엄마의 자궁에서 자라날 때, 가장 먼저 아래쪽에 구멍이 생겨요. 그 구멍은 바로 **항문**이에요. 그런 다음 다른 부위들이 차츰 생겨나요.

아기는 아주 작은 공 모양의 덩어리에서 시작해요.

배아

배아는 한쪽 끝에 구멍이 난 관 모양으로 길쭉해져요.

항문

반대편에도 구멍이 생겨요.

항문

입

이 관은 소화계가 된답니다.

이 관 주위로 나머지 부위가 발달하기 시작해요.

먼저 **뇌**가 생겨요.

이어서 **심장**이 뛰기 시작해요.

눈도 생겨나고요.

8주가 지나면 사람의 모습을 갖추게 돼요.

손톱, 발톱, 코도 보이기 시작하지요.

배아	항문	입	뇌	심장	눈	손톱	코
3일	5일	10일	18일	3주	4주	10주	11주

74 우리는 작은 씨앗만 한 크기에서…

수박만 한 크기로 자라났어요.

의사들은 아기가 얼마나 컸는지 이해하기 쉽도록 아기 크기를 과일에 빗대어 알려 주기도 해요.

4주 양귀비씨
9주 체리
15주 사과
19주 망고
23주 그레이프프루트
31주 파인애플
36주 멜론
40주 수박

아기는 **양막**이라는 주머니 안에서 자라요. 양막은 공 모양으로 아기를 포근하게 감싸고 있어요.

아기는 대개 약 40주가 지나면 태어날 준비를 마쳐요. 어떤 아기는 수박만 한 크기로 자라기도 하지만, 그래도 몸무게는 수박의 절반이에요.

75 바느질은…
의사가 되기 위해 배우는 과정 중 하나예요.

의사는 수술을 하고 벌어진 상처 부위를 바늘로 꿰매요. 피부를 꿰매고 나면 상처 부위가 자연스레 아물고 낫게 돼요.

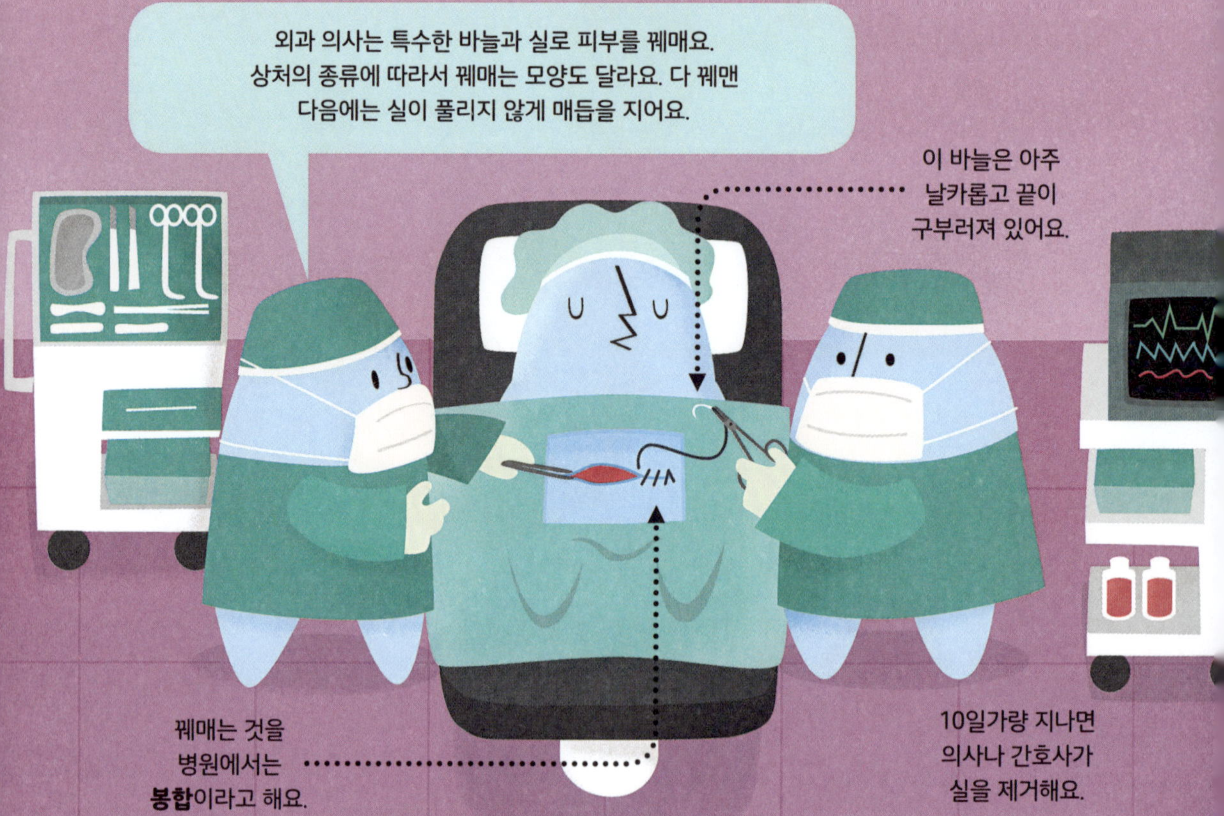

외과 의사는 특수한 바늘과 실로 피부를 꿰매요. 상처의 종류에 따라서 꿰매는 모양도 달라요. 다 꿰맨 다음에는 실이 풀리지 않게 매듭을 지어요.

이 바늘은 아주 날카롭고 끝이 구부러져 있어요.

꿰매는 것을 병원에서는 **봉합**이라고 해요.

10일가량 지나면 의사나 간호사가 실을 제거해요.

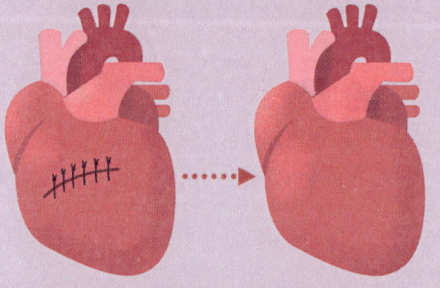

피부 깊숙이 난 상처를 꿰맬 때는 직접 제거할 필요가 없이 녹아서 없어지는 실을 쓰기도 해요.

녹는 실은 상처가 나을 때쯤 저절로 없어지기 시작해요. 몇 주가 지나면 완전히 사라져요.

상처를 봉합하는 다른 방법들

봉합기
머리에 난 상처를 빨리 봉합할 때 종종 써요.

테이프
작은 상처에 써요.
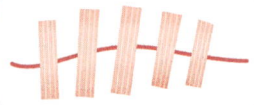

접착제
곧게 베인 작은 상처에 써요.

76 칼을 삼키는 마술사가…

의사에게 도움을 주었어요.

19세기에 아돌프 쿠스마울이라는 독일 의사는 유명한 마술사가 칼을 삼키는 공연을 보았어요.

어떻게 저럴 수 있지?

쿠스마울은 마술사가 날카로운 칼을 삼킬 때 어떻게 자세를 취하는지 궁금했어요.

공연에 영감을 얻은 쿠스마울은 환자의 목부터 위까지 들여다보는 **내시경**을 놋쇠로 만들었어요.

쿠스마울의 내시경은 길고 곧았어요. 그래서 사용하기가 불편했지요.

아야!

그래서 1868년에 쿠스마울은 칼을 삼키던 그 마술사를 데려와서 발명품을 어떻게 써야 할지 사람들에게 보여 주었어요.

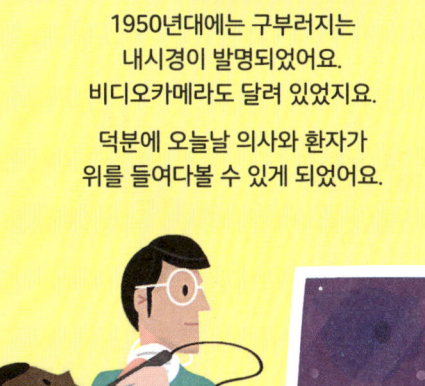

1950년대에는 구부러지는 내시경이 발명되었어요. 비디오카메라도 달려 있었지요.

덕분에 오늘날 의사와 환자가 위를 들여다볼 수 있게 되었어요.

77 남자가 턱수염을 계속 기르면…

키의 2배 넘게 자랄 거예요.

남자는 10대가 되면 턱수염이 나기 시작해요. 턱수염도 머리카락처럼 계속 자라요. 면도를 전혀 하지 않으면, 70세쯤에는 턱수염이 4미터도 넘게 될 거예요.

수염 길이의 최고 기록은 **5.33미터**예요. 노르웨이계 미국인 농부 한스 랑세스가 1927년 81세로 사망할 때까지 기른 수염의 길이예요.

그는 수염이 끊어지지 않도록, 아래쪽을 땋아서 **주머니**에 넣고 다녔어요.

면도날은 적어도 **30,000년** 전에 발명되었어요. 부싯돌을 날카롭게 깎아서 만들었지요.

그 뒤로 전 세계의 사람들은 다양한 모양으로 수염을 길렀답니다.

콧수염

친 커튼

전체 수염

소울 패치

염소수염

반다이크 수염

짧은 구레나룻

넓은 구레나룻

78 공포 영화는…
정말로 피부를 오싹하게 해요.

우리 몸은 스트레스를 받을 때 가슴이 두근거리거나 손에 땀이 나는 등 반응을 해요. 무시무시한 장면을 볼 때, 우리는 그것이 실제로 일어나는 일이 아니라고 생각할 수 있어요. 하지만 우리 몸, 특히 호르몬은 정말 그 일을 겪고 있을 때처럼 반응하기도 해요.

영화를 보는 동안 몸속에서 일어나는 효과
긴장할 때, 몸에서는 아드레날린과…

통증을 억제하는 호르몬이 많이 분비돼요.

심장은 더 빨리 뛰면서 더 빨리 피를 뿜어 내요.

피에는 상처 치료를 돕는 혈소판과,

감염에 맞서 싸우는 백혈구가 더 늘어나요.

피가 더 빨리 흐르면서 피부는 더 뜨거워지고, 몸 깊숙한 곳은 차가워지는 느낌이 들어요.

영화가 끝난 뒤 몇 시간, 심지어 며칠이 지날 때까지도 잠을 제대로 못자고 악몽을 꿀 수도 있어요.

사람마다 무서워하는 정도가 다를 수 있어요. 그러니까 똑같은 영화를 본다고 해서 똑같은 반응을 나타내는 것은 아니에요.

79 귀에 든 돌은…

우리가 똑바로 서 있도록 도와줘요.

귓속에는 **귓돌**이라는 작고 단단한 물질이 있어요. 우리가 움직일 때 귓돌은 이리저리 사방으로 움직여요. 뇌는 귓돌의 움직임을 감지해서 몸이 어떻게 움직이는지 알아내고 몸의 균형을 잡을 수 있지요.

① 귓돌은 양쪽 귀의 **타원주머니**와 **둥근주머니** 안에 들어 있어요.

타원주머니
둥근주머니
속귀(내이)
실제 크기: 약 6밀리미터

② 귓돌은 젤라틴 같은 물질 위에 놓여 있어요. 이 물질은 가느다란 감각털을 감싸고 있지요.

귓돌
젤라틴 물질
감각털

난 똑바로 서 있어.

③ 머리를 움직이면 귓돌도 움직여요. 감각털은 귓돌의 움직임을 감지해서 뇌에 신호를 보내요.

움직이는 귓돌

어어, 몸이 기울어지고 있어!

귓돌이 원래 자리를 벗어날 때도 있어요. 그러면 **어지럼증**이 생겨요. 별로 움직이지 않는데도 어질어질해요.

다행히 귓돌을 제자리로 돌려놓는 방법이 있어요. **에플리 교정 방법**을 따라서 고개를 움직이는 거예요.

80 아기는 파란색보다…

빨간색을 먼저 봐요.

아기는 대부분 색을 감지하는 기관을 갖고 태어나요. 하지만 태어난 뒤 몇 주가 지나야 비로소 그 기관을 사용할 수 있게 되지요. 거의 모든 아기는 빨간색을 보는 법을 먼저 익히고, 파란색을 보는 법은 가장 나중에 익혀요.

갓 태어난 아기는 처음 며칠 동안 모든 것을 흐릿하게 봐요.

1~2주가 지나면, 대부분의 아기는 모양과 무늬에 초점을 맞춰요. 얼굴도 알아볼 수 있어요.

그 후 3개월 사이에 빨간색을 보기 시작해요.

생후 6개월쯤 지난 아기들은 대부분 모든 색깔을 볼 수 있어요. 그보다 더 일찍 색깔을 볼 수 있는 아기도 있어요.

눈에서 모양과 색깔을 어떻게 볼까요?

빛이 **눈동자**를 통해 눈으로 들어와요.

망막에서 **원뿔세포**와 **막대세포**라는 두 세포가 빛을 처리해요.

망막

시신경

막대세포는 모양을 파악해요. 또 검은색과 흰색, 회색을 구별해요.

원뿔세포는 색깔을 감지해요. 원뿔세포마다 가장 잘 반응하는 색깔이 있어요.

81 일란성 쌍둥이는 이란성 쌍둥이보다…

10배는 더 드물어요.

전 세계에서 1,000명 중 10~30명은 쌍둥이로 태어나요. 하지만 일란성 쌍둥이는 1,000명 중 3명꼴로 태어나요.

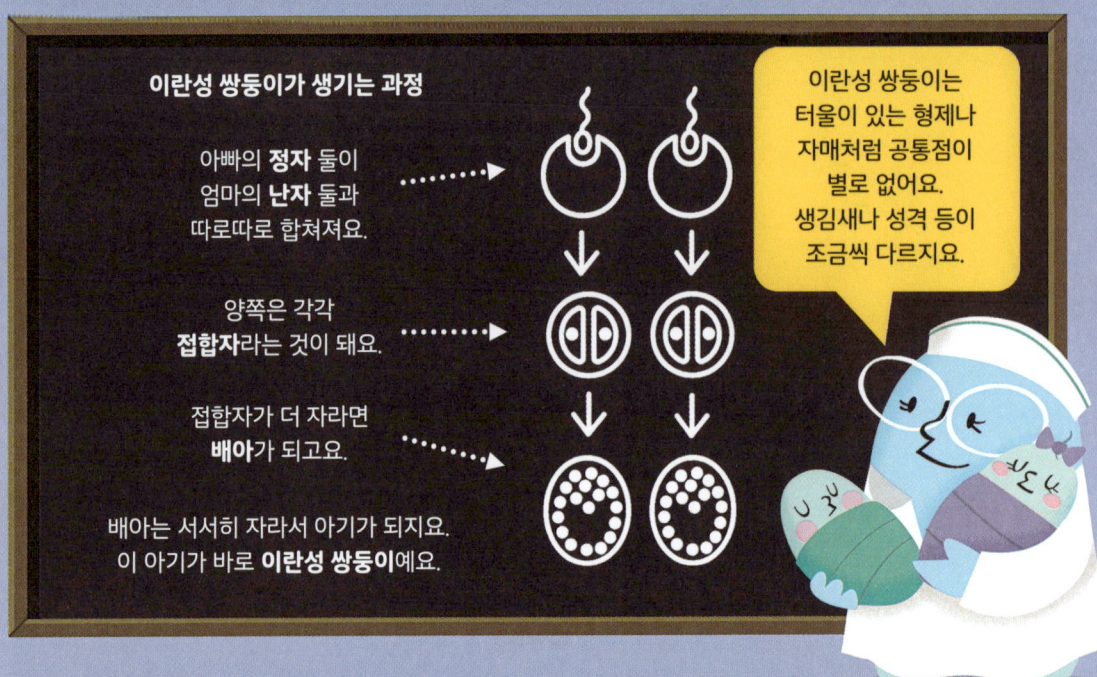

이란성 쌍둥이가 생기는 과정

아빠의 **정자** 둘이 엄마의 **난자** 둘과 따로따로 합쳐져요.

양쪽은 각각 **접합자**라는 것이 돼요.

접합자가 더 자라면 **배아**가 되고요.

배아는 서서히 자라서 아기가 되지요. 이 아기가 바로 **이란성 쌍둥이**예요.

이란성 쌍둥이는 터울이 있는 형제나 자매처럼 공통점이 별로 없어요. 생김새나 성격 등이 조금씩 다르지요.

일란성 쌍둥이가 생기는 과정

정자 하나가 난자 하나와 만나 접합자 하나를 만들어요.

이 접합자가 며칠 뒤 둘로 갈라지고, 두 개의 배아로 자라나요.

이 두 배아가 자라서 **일란성 쌍둥이**가 돼요.

일란성 쌍둥이는 DNA가 똑같아요. 그래서 자란 뒤에도 생김새와 성격이 거의 비슷하지요.

82 몇 년 터울을 두고 태어난 아이끼리…

쌍둥이일 수도 있어요.

쌍둥이는 대개 같은 시기에 엄마의 자궁에서 함께 자라고 태어나요. 하지만 이란성 쌍둥이 (또는 세쌍둥이, 네쌍둥이 등)는 같은 날에 생겨도, 태어나는 시기는 다를 수도 있어요.

1 의사는 **시험관 수정**이라는 기술을 사용해서 많은 정자와 난자를 한꺼번에 합칠 수 있어요.

시험관 수정은 몸속이 아닌 시험관에서 수정을 하는 거예요.

이 접합자들은 쌍둥이예요. 일란성 쌍둥이는 아니지만요.

2 실험실에서 접합자를 배아로 키워요.

3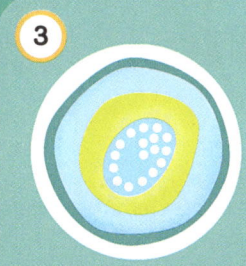

의사가 배아 한 개를 여성의 자궁에 넣어요. 그 배아가 자라서 아기가 되지요.

4 쌍둥이 중 한 쪽과 다른 배아들은 냉동고에 몇 년간 안전하게 보관돼요.

5 몇 년 뒤, 의사는 두 번째 배아를 엄마의 자궁에 넣어요. 배아는 아기가 되지요.

와! 이 아기가 나랑 쌍둥이야!

83 지라는 꼭 필요하지는 않아요...

하지만 여러모로 도움을 줘요.

우리 몸은 모든 기관이 온전히 활동해야 살 수 있게 만들어졌어요. 하지만 어떤 기관은 아예 없어도 생명에 영향을 주지 않아요. 일부만 남아도 되는 기관도 있지요.

뇌
오른쪽이나 왼쪽, 절반만 있어도 살아갈 수 있어요.

허파(폐)
한쪽만 있어도 살 수 있어요.

간
60퍼센트까지 잃어도 살 수 있어요. 다시 재생되거든요.

지라(비장)
없어도 되지만, 있으면 감염에 맞서 싸울 때 도움을 줘요.

위와 작은창자(소장)
어느 하나가 없거나 양쪽 모두가 부분적으로 없어도 살 수 있어요.

콩팥(신장)
한쪽만 있으면 살 수 있고, 양쪽 다 없어도 기계의 도움을 받으면 살 수 있어요.

쓸개(담낭)와 이자(췌장)
둘 다 활동을 멈춰도, 이 기관들이 만드는 효소를 보충하면 살 수 있어요.

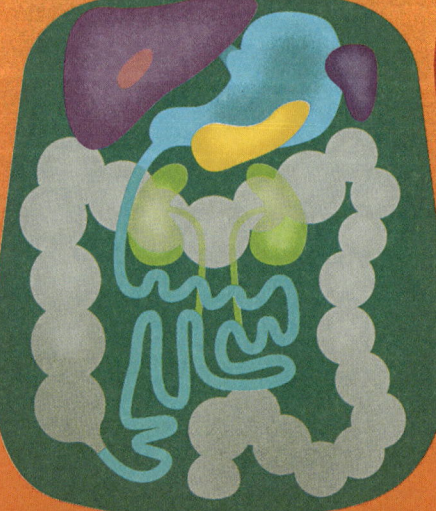

큰창자(대장)
큰창자는 대부분 몸 바깥에 찬 주머니로 대신할 수 있어요.

84 통증 없는 수술은…

우연한 사건으로 발견되었어요.

수술을 받을 때 통증을 느끼지 못하게 하는 약을 **마취제**라고 해요. 초기의 마취제 중 하나는 **아산화 질소**였어요. **웃음 가스**라고도 하지요. 웃음 가스는 네 사람을 거쳐 의학적으로 사용하게 되었어요.

1772년
조지프 프리스틀리가 최초로 아산화 질소를 발견했어요.

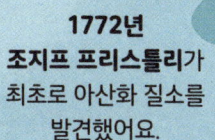

1794년
제임스 와트가 일종의 풍선에 기체를 모아 사람들이 들이마실 방법을 발명했어요.

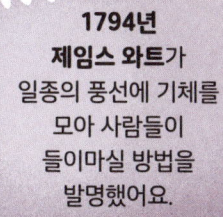

1798년
험프리 데이비는 아산화 질소를 직접 마셔 보았어요. 몽롱하고 행복한 기분이 들었죠. 그래서 치료에 쓸 수 있지 않을까 생각했어요.

하지만 아산화 질소는 부자들의 오락거리가 되었어요. 그들은 '웃음 가스 모임'에서 아산화 질소를 들이마시면서 즐거워했지요.

1844년
치과 의사 **호레이스 웰스**는 수술 받을 때 아산화 질소를 써 보기로 했어요.

그는 동료 치과 의사가 이를 뽑을 때 전혀 아프지 않았다고 말했어요.

21세기 현재

지금도 아산화 질소는 출산 초기의 통증을 줄이는 데 쓰이고 있어요.

85 중세의 의학에는…

우리가 아직도 배울 것이 많아요.

전 세계의 연구자들은 치료법을 찾기 위해 고대 의학 문헌을 살펴보기도 해요. 그리고 과학적으로 정말 효과가 있는지 분석하지요. 『볼드 의학책(Bald's Leechbook)』이라는 앵글로색슨족의 책에 실린 눈병 치료법은 효과가 있는 것으로 2015년 실험을 통해 밝혀졌어요.

리크(대파 비슷한 채소)를 조금 썰어 넣어요.

마늘을 비슷한 양만큼 넣고,

어린 황소의 쓸개즙을 넣은 다음…

포도주를 살짝 뿌려요.

놋쇠 그릇에 9일 동안 보관해요.

2015년에 연구자들이 이 **9세기의 치료법**을 자세히 조사한 결과, 눈 다래끼를 일으키는 세균을 막는 데 정말로 도움이 된다고 밝혔어요.

연구진은 이 책에 나온 다른 치료법들도 살펴보고 있어요. 새로운 약을 발견할 수 있기를 기대하면서요.

86 병과 관련된 수수께끼를…
지도를 보고 해결하기도 해요.

1850년대에 사람들은 **콜레라** 같은 질병이 옅은 안개 형태로 공기 중에 퍼진다고 믿었어요. 그런데 존 스노라는 의사는 런던 지도를 보고 콜레라가 더러운 물을 통해 퍼진다는 사실을 밝혀냈어요.

1854년 런던의 소호 지역에 갑자기 콜레라가 퍼졌어요. 열흘 사이에 약 500명이 사망했어요.

스노는 각 사망자가 살던 곳을 지도에 표시했어요. 또 주민들에게 물을 공급하는 물 펌프가 있는 곳도 표시했지요.

그러자 브로드 길의 물 펌프 근처에 사는 사람들이 유독 많이 죽었다는 것이 드러났어요.

런던 소호
— 콜레라 감염 사망자
💧 물 펌프

치명적인 물 펌프

브로드 길
(지금의 브로드윅 길)

스노는 그 물 펌프를 폐쇄하자고 주장했어요. 그 주장을 따랐더니, 콜레라 유행이 금방 수그러들었어요.

오늘날도 지도를 보고 병이 어디에서 발생했는지 추적해요.

87 어떤 의사는 피로 목욕을 했어요…

이상이 없다는 걸 증명하기 위해서요.

의사들은 때때로 병이 어떻게 생기는지 알아내기 위해 스스로 실험 대상자가 되기도 해요.

1793년
스터빈스 퍼스는 황열병 환자의 피와 땀, 토사물로 목욕을 하고 심지어 먹기도 했어요. 그래도 병에 걸리지 않는다고 증명했지요.

1900년
약 한 세기 뒤에 **제시 러지어**는 황열병 환자의 피를 모기에게 빨게 한 다음, 모기가 자기 팔을 물게 했어요. 그러자 황열병에 걸렸지요. 병이 어떻게 옮기는지 비로소 밝힌 거예요.

1914년
조지프 골드버거는 **펠라그라**라는 병에 걸린 환자의 피를 뽑아서 자기 몸에 주사했어요.

그는 병에 걸리지 않았어요. 나중에 그는 그 병의 원인이 **니아신**이라는 비타민이 부족하기 때문이라는 것을 알아냈어요.

1984년
로빈 워렌과 **배리 마셜**은 헬리코박터 파일로리 세균이 든 액체를 마셨어요. 둘 다 **위궤양**에 걸렸어요. 위궤양이 스트레스가 아니라 세균 때문에 생긴다는 사실을 증명한 것이지요.

2004년
데이비드 프리처드는 **십이지장충**이 자신의 피부를 파고들도록 놔두었어요. 이 기생충이 **천식** 같은 병에 맞서 싸우는 데 도움이 된다는 것을 증명하기 위해서였어요.

88 얼마나 아픈지는…

어디가 아픈지에 달려 있어요.

피부의 수용체는 촉감을 뇌에 알려 줘요. 그런데 어떤 부위에는 수용체가 다른 곳에 비해 더 많아요. 그런 부위는 촉감을 아주 예민하게 받아들이지요.

각 신체 부위를 촉각 수용체의 수에 따라 표시한 그림이에요. 민감한 부위일수록 더 크게 그려 놓았지요.

얼굴은 아주 민감해요. **입술**이 더욱 그렇지요.

팔꿈치 뒤쪽의 피부에는 수용체가 거의 없어요. 아무리 세게 꼬집어도 아픔을 거의 못 느끼지요.

손가락 끝에는 촉각 수용체가 많아요. 그래서 물체들의 표면을 쉽게 구별할 수 있어요.

발은 다리보다 훨씬 더 민감해요.

스스로 촉감을 쉽게 시험할 수 있어요. 먼저, 허벅지를 포크로 살짝 눌러 봐요.

이제 손가락 끝에 대고 같은 세기로 눌러 봐요.

아야!

허벅지에는 촉각 수용체가 많지 않아서, 그다지 민감하지 않아요. 포크 끝이 갈라진 걸 느낄 수도 없지요.

손가락 끝에는 촉각 수용체가 많아요. 갈라진 포크 끝을 하나하나 느낄 수 있어요. 게다가 포크로 눌렀을 때 훨씬 아프게 느껴요.

103

89 우리는 살아가려면…

피를 깨끗하게 거르고 다시 만들어야 해요.

콩팥은 두 개로 이루어져 있으며 생명을 유지하는 데 아주 중요한 역할을 해요. 피에 든 노폐물을 걸러 내는 일이지요. 깨끗한 피는 다른 부위가 활동하는 데 필요한 성분들을 더 넣은 다음 온몸으로 다시 보내요.

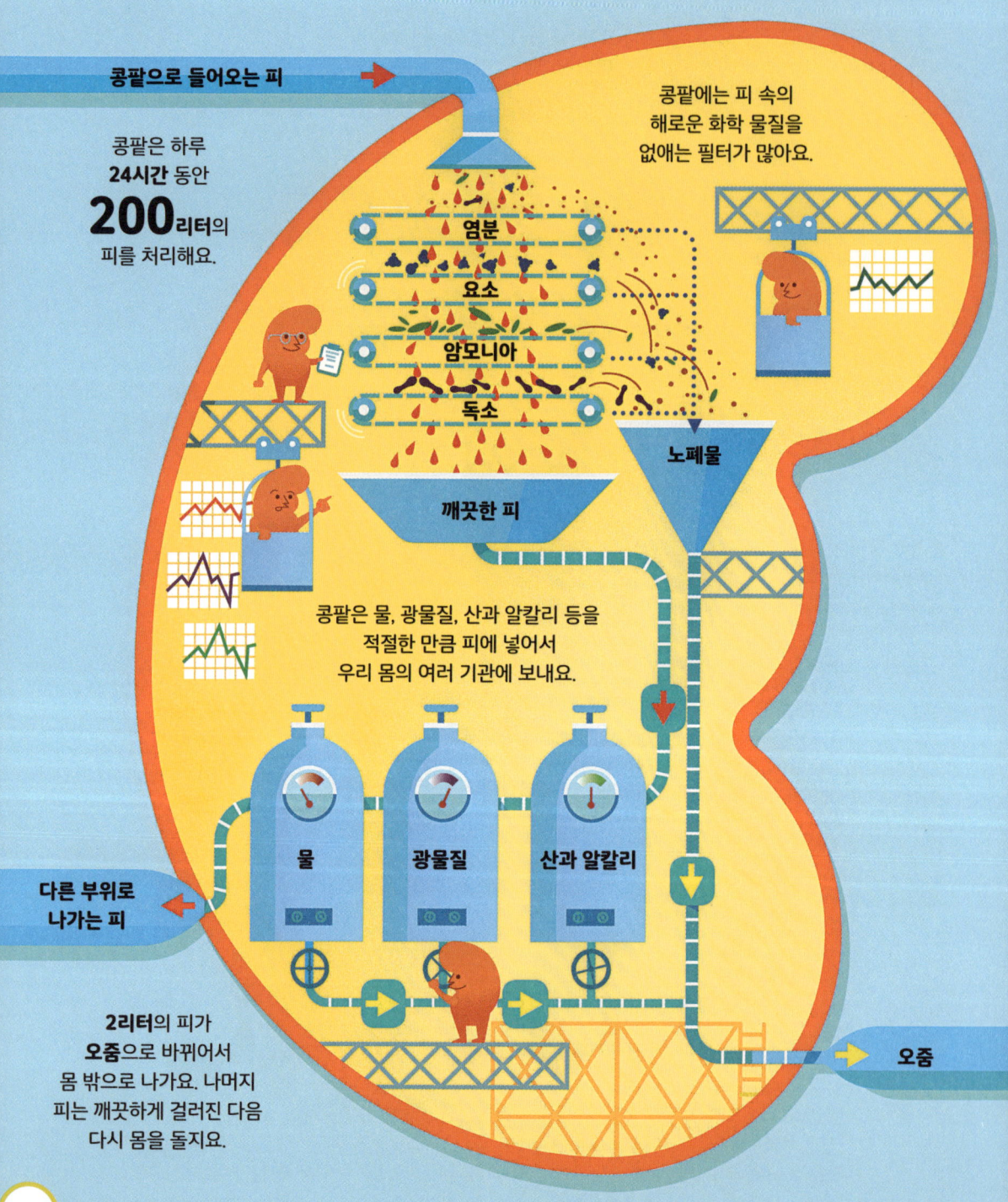

90 우리 몸을 이루는 뼈의 절반 이상은…

손과 발에 있어요.

어른은 손뼈가 27개, 발뼈가 26개예요. 양쪽 손뼈와 발뼈의 개수를 모두 더하면 총 106개지요.

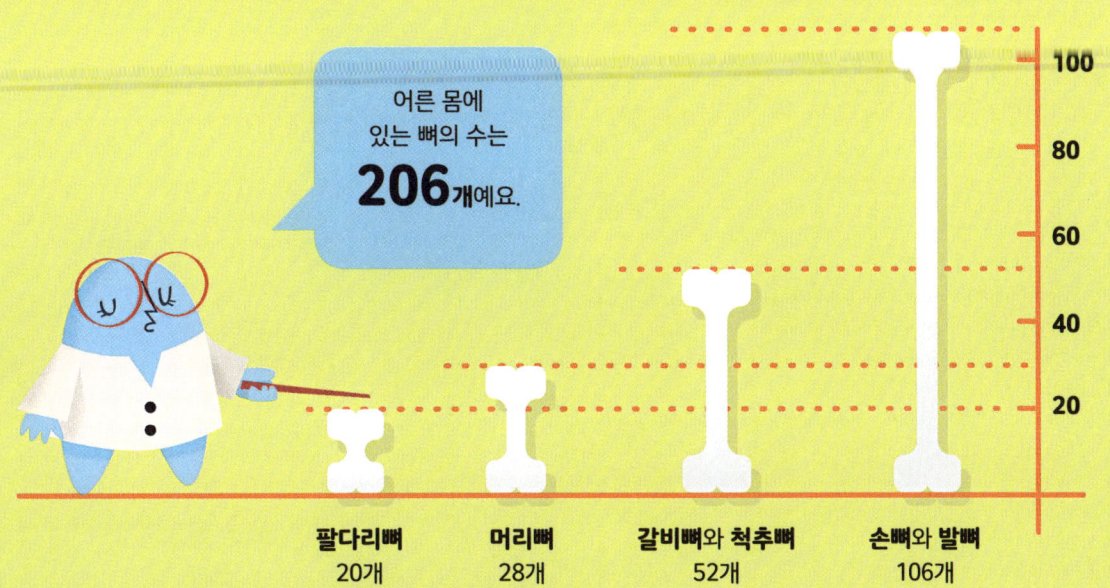

어른 몸에 있는 뼈의 수는 **206**개예요.

팔다리뼈 20개
머리뼈 28개
갈비뼈와 척추뼈 52개
손뼈와 발뼈 106개

사람의 손을 직접 만들어 봐요.

무엇이 필요할까요?

- 끝마디뼈 5개
- 가운데마디뼈 4개
- 첫마디뼈 5개
- 손허리뼈 5개
- 손목뼈 8개

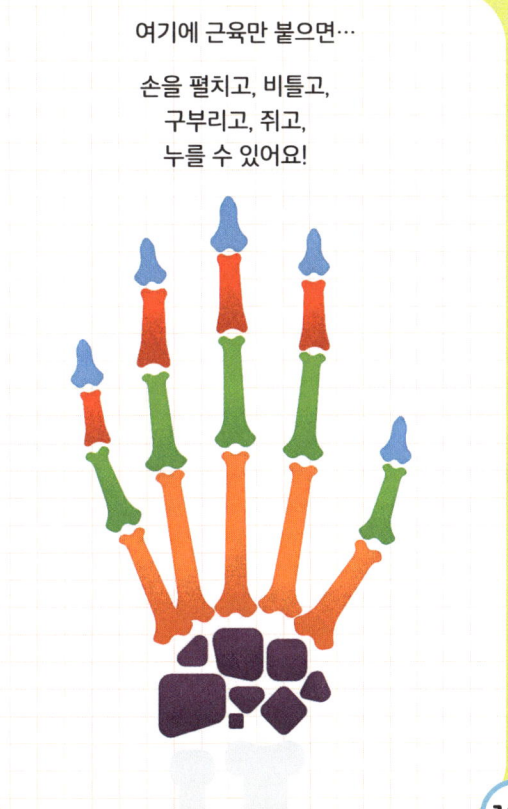

여기에 근육만 붙으면…
손을 펼치고, 비틀고, 구부리고, 쥐고, 누를 수 있어요!

91 3D 프린터로…

살아 있는 신체 부위를 만들 수 있어요.

3D 프린터는 대개 플라스틱과 금속 물체를 인쇄해요. 그런데 최근 과학자들은 사람의 세포를 넣어 연골처럼 말랑하고 부드러운 물체를 인쇄하는 3D 바이오 프린터를 개발하고 있어요.

이 뼈대에서 노란색으로 표시된 부분이 **연골**이에요. 연골은 뼈의 끄트머리, 특히 관절 부위에 있는 부드러운 물질이에요.

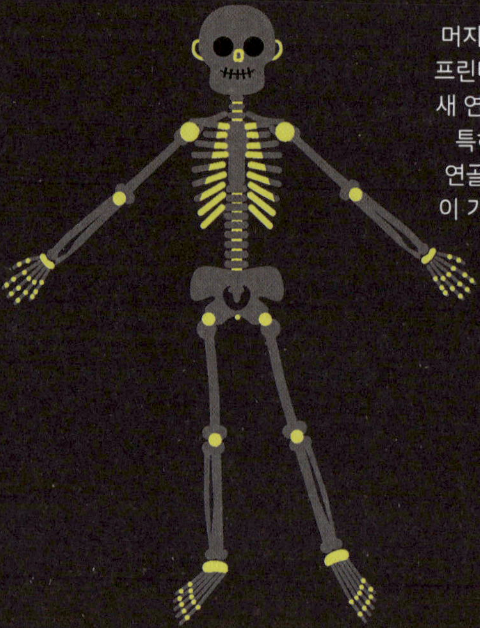

머지않아 의사들은 3D 바이오 프린터로 손상된 연골을 대체할 새 연골을 만들 수 있을 거예요. 특히 아래에 적힌 부위들의 연골은 닳아 없어지기 쉬워서 이 기술을 더욱 필요로 하지요.

부러진 뼈는 저절로 붙을 수 있지만, 손상된 연골은 저절로 낫지 않아요.

- 귀
- 코
- 무릎
- 엉덩이

3D 바이오 프린터로 다음과 같이 환자의 코를 복원할 수 있어요.

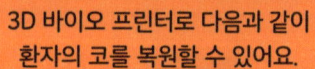

환자의 연골 세포를 추출하여 액체 젤과 섞어요.

프린터는 젤을 층층이 쌓아서 3D 코를 만들어요. 약 20분이 걸리지요.

외과 의사가 환자에게 **코**를 **이식**하는 수술을 해요.

이식한 코에는 환자의 세포가 들어 있기 때문에 세포가 몸속에 자리를 잘 잡아요.

92 거짓말을 감쪽같이 한다고 해도…

우리 몸은 거짓말을 숨기기 어려워요.

거짓말 탐지기는 질문에 답할 때 몸이 어떻게 반응하는지를 지켜보는 기계예요. 답하는 사람의 주요한 생체 신호들을 살펴보면서 그 사람이 진실을 말하는지, 아니면 거짓말을 하는지 알아낼 수 있답니다.

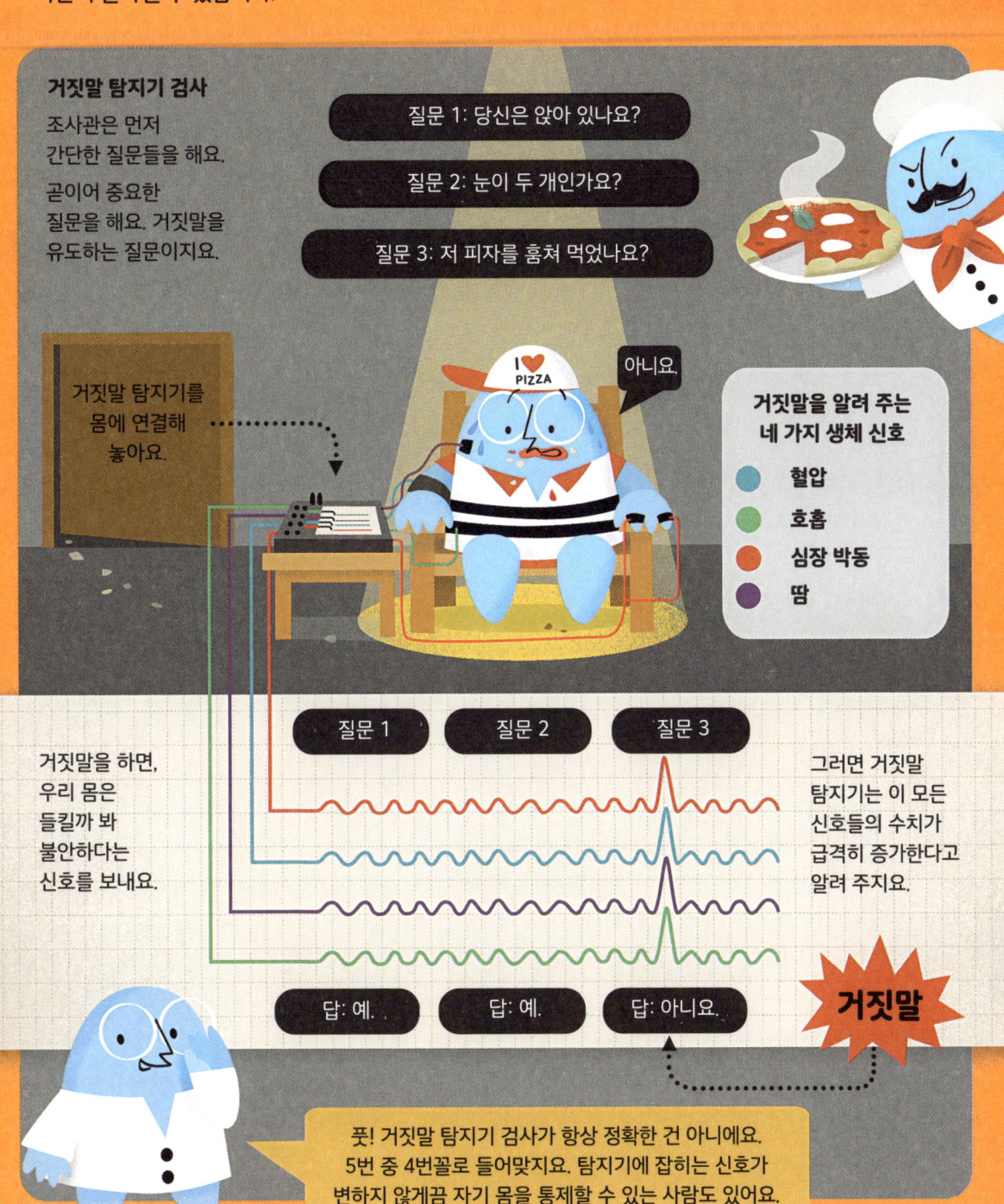

93 우리 몸의 감각은 5가지를 넘어서…

20가지에 달할지도 몰라요.

수천 년 동안 과학자와 철학자들은 감각이 정확히 무엇을 뜻하는지 저마다 다른 주장을 펼쳤어요. 전통적으로는 **촉각**, **시각**, **미각**, **청각**, **후각**의 5가지 감각이 있다고 생각해요. 하지만 최근의 과학자들은 감각의 수가 그보다 훨씬 더 많다고 주장하기도 해요.

우리 몸은 감각을 통해 세상을 느끼고 알아차려요.
오감과 그 밖의 다른 감각들을 살펴볼까요?

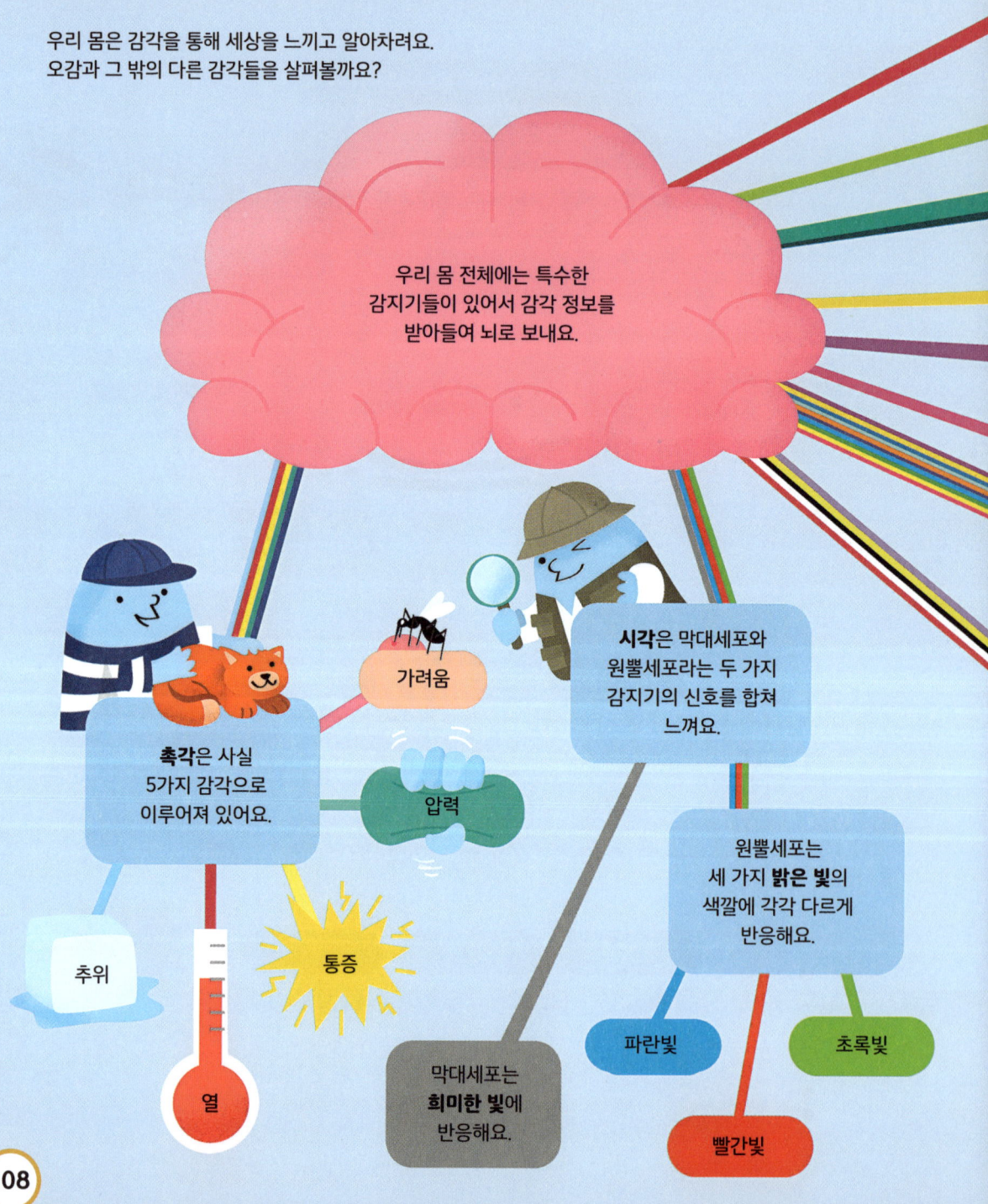

우리 몸 전체에는 특수한 감지기들이 있어서 감각 정보를 받아들여 뇌로 보내요.

촉각은 사실 5가지 감각으로 이루어져 있어요.

가려움

압력

추위

통증

열

시각은 막대세포와 원뿔세포라는 두 가지 감지기의 신호를 합쳐 느껴요.

원뿔세포는 세 가지 **밝은 빛**의 색깔에 각각 다르게 반응해요.

파란빛

초록빛

빨간빛

막대세포는 **희미한 빛**에 반응해요.

피에 든 화학 물질 감지기는 포도당 농도에 반응해요. 농도가 낮아지면 **배고프다**는 신호를 전달해요.

피의 염분 농도에 반응하는 감지기도 있어요. 염분 농도가 낮으면 **목마르다**고 느끼는 신호를 보내지요.

방광과 **창자**의 감지기는 화장실에 가야 한다고 알려 줘요.

보지 않고도 양손의 손가락 끝을 닿게 하는 감각도 있어요. 이를 **고유 감각**이라고 해요. 근육과 팔다리가 서로 어디에서 연결되어 있는지를 알려 주지요.

속귀에 있는 체액과 귓돌이 움직여서 **균형 감각**이 생겨요.

귀에 있는 감지기는 소리의 떨림에 반응하여 **청각**을 일으켜요.

코 속의 수백 가지에 달하는 화학 물질 감지기는 들이마신 물질의 분자에 반응하여 **후각**을 일으켜요.

단맛

입에서는 적어도 5가지 감각이 조합해 **미각**을 이루어요.

신맛

쓴맛

짠맛

감칠맛

감칠맛은 고기와 토마토에서 느낄 수 있는 맛이에요.

미각과 후각이 함께 작용해야 **맛**을 제대로 느낄 수 있어요.

94 간은 매년…

새로 자라요.

우리 몸의 세포들은 끊임없이 죽어 가요. 하지만 대부분 새로운 세포가 죽은 세포를 대신하지요. 이렇게 우리 몸은 조금씩 계속해서 재생을 해요.

신체 부위마다 재생되는 데 걸리는 시간이 달라요.

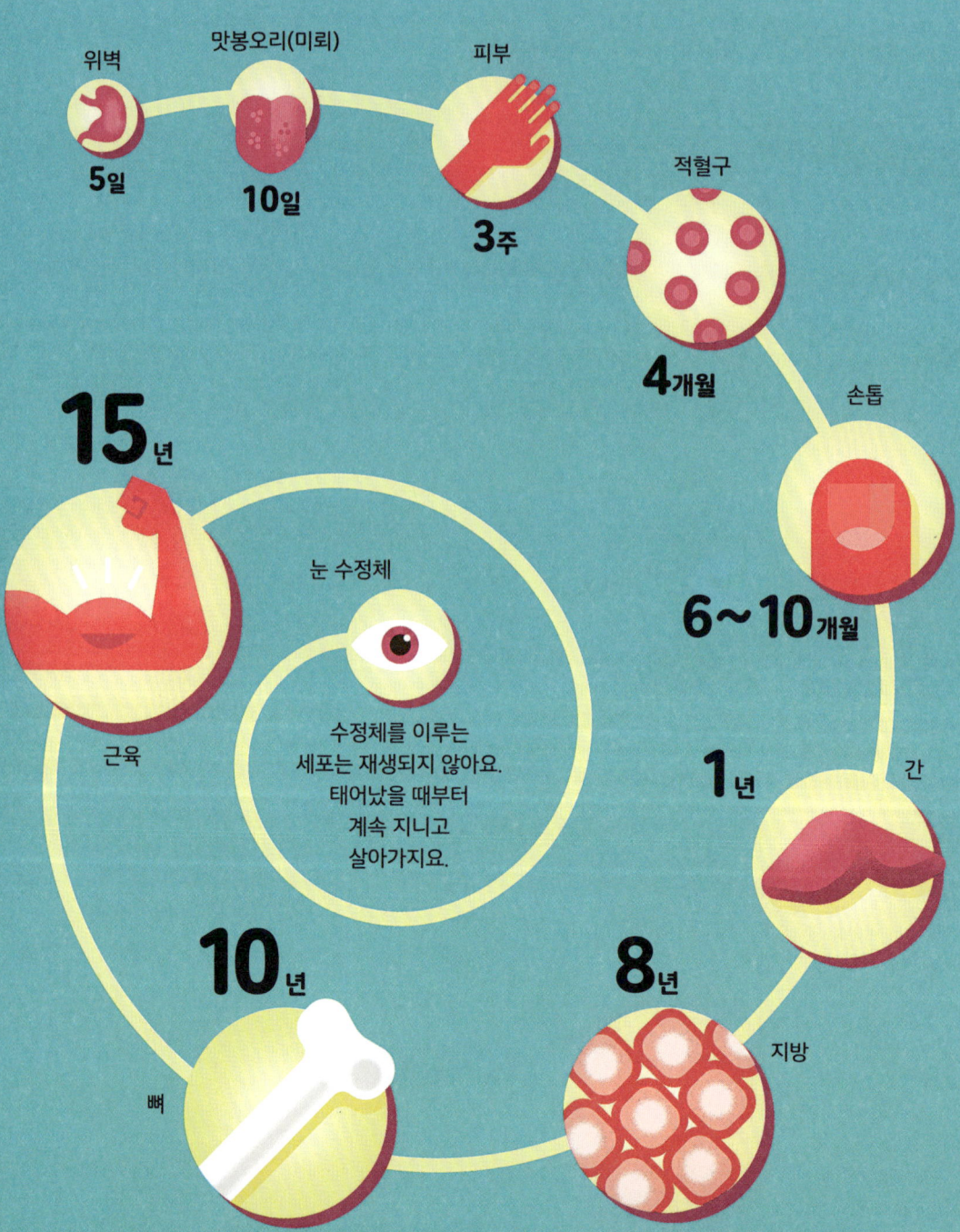

- 위벽 5일
- 맛봉오리(미뢰) 10일
- 피부 3주
- 적혈구 4개월
- 손톱 6~10개월
- 간 1년
- 지방 8년
- 뼈 10년
- 근육 15년
- 눈 수정체: 수정체를 이루는 세포는 재생되지 않아요. 태어났을 때부터 계속 지니고 살아가지요.

95 오늘날 외과 의사 중에…

석기 시대의 도구를 쓰는 의사가 있어요.

선사 시대 사람들은 흑요석이라는 아주 날카로운 돌로 자르는 도구를 만들었어요. 흑요석은 화산 활동으로 생긴 돌로, 검은 유리처럼 생겼어요. 지금도 어떤 외과 의사는 금속이 아닌 흑요석으로 만든 수술칼을 사용하기도 해요.

현미경으로 들여다보면 아무리 잘 벼린 **강철 날**도 표면이 울퉁불퉁해요.

반면에 **흑요석 날**은 현미경으로 봐도 아주 매끄럽지요.

흑요석 수술칼은 강철 수술칼보다 흉터를 적게 남기고 상처가 더 빨리 낫도록 도와요.

96 아기는 엄마 뱃속에 있을 때…

콧수염이 자라요.

자궁 속에서 4개월쯤 된 태아는 온몸에 **배냇털**이 자라기 시작해요. 윗입술에서 먼저 자라나지요.

배냇털은 대개 태어나기 전에 빠져요. 태아가 그 털을 삼키면…

태어나 처음으로 똥을 눌 때 섞여 나와요. 이 끈적거리는 검은 똥을 **배냇똥(태변)**이라고 하지요.

97 세균을 죽이는 물질은…

세균을 더 강하게 단련시킬 수 있어요.

항생제라는 약물은 **세균**이라는 미생물이 일으키는 질병을 치료할 수 있어요. 항생제는 몸에 있는 나쁜 세균을 죽이는 일을 해요. 하지만 나쁜 세균을 언제나 모두 없앨 수 있는 것은 아니에요. 아주 강력한 세균은 살아남기도 하지요.

어떤 세균은 우리 몸을 불편하게 해요.

의사가 세균을 죽일 항생제를 처방해 줘요. 주사를 맞거나 약을 먹으면 항생제가 몸속으로 들어오지요.

세균이 거의 다 죽으면, 몸이 나아졌다고 느껴요.

하지만 세균을 모두 죽이려면 시간이 더 필요할 수도 있어요.

때로는 아주 강한 슈퍼 세균이 새롭게 나타날 수 있어요.

알약 따위는 내 상대가 안 돼!

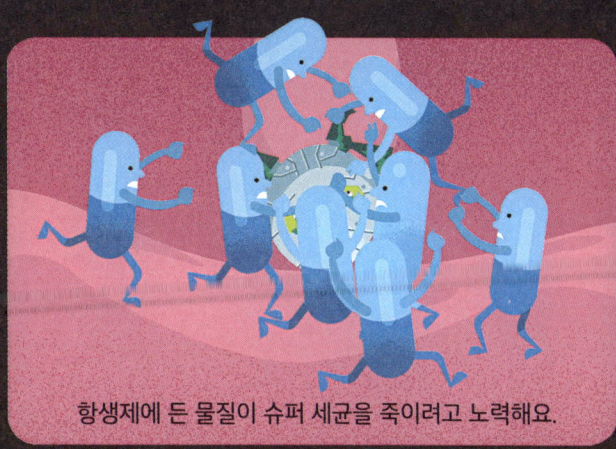

항생제에 든 물질이 슈퍼 세균을 죽이려고 노력해요.

그래도 슈퍼 세균이 일부분 살아남으면, 숫자가 불어나기 시작해요.

점점 불어나지요.

슈퍼 세균은 거의 모든 항생제에 저항하고, 우리 몸에 치명적인 병을 일으킬 수 있어요.

아무도 우리를 막지 못해!

어떤 사람들은 **바이러스**의 감염을 막기 위해 항생제를 먹기도 해요.

하지만 항생제는 세균이 아닌 바이러스 또는 바이러스가 일으키는 증상들에는 아무런 **효과가 없어요**.

항생제를 쓰면 새로운 슈퍼 세균이 더 쉽게 나타나요. 따라서 정말로 필요할 때만 항생제를 사용해야 해요.

98 무언가를 배우는 가장 좋은 방법은…

잠을 자는 거예요.

잠을 자는 동안 뇌가 하는 가장 중요한 일 중 하나는 낮에 배운 것을 되새기는 거예요. 새로운 정보들을 정리하고, 악기 연주와 운동 기술 등을 복습하는 일을 하지요.

잠을 자는 규칙인 **수면 주기**는 네 단계로 이루어져요. 잠을 푹 잔다면, 대개 하룻밤에 수면 주기가 네다섯 번 반복되지요.

1

제1 수면 단계

눈이 감기고, 뇌 활동이 느려져요.

근육이 이완되기 시작하지만 이따금 씰룩거려요. 이때 잠에서 깰 수 있어요.

2

제2 수면 단계

몸과 뇌의 활동이 최소로 줄어요.

이 단계에서 잠꼬대를 하거나 몽유병의 증상을 보이는 사람도 있어요.

제1 수면 단계와 렘 수면 단계에서는 잠이 쉽게 깨지만, 제2~4 수면 단계에서는 잠이 잘 깨지 않아요.

우리는 꿈을 꾸는 덕에
매일 밤 조용하고 안전하게
말썽을 부릴 수 있어요.

-윌리엄 더먼트 교수, 미국
수면의학아카데미 설립자

4

렘(빠른 눈 운동) **수면**

눈동자의 움직임과 심장 박동,
호흡이 빨라져요. 뇌가 아주
활발하게 움직여요. 반면에 뼈대에
붙은 근육은 움직이지 않아요.

이 단계에서는 꿈을 꿔요.
하지만 꿈을 왜 꾸는지,
꿈이 무엇을 위한 것인지
정확히 아는 사람은 없어요.

3

**제3, 4 수면 단계
(느린 뇌파 수면 단계)**

뇌가 기억을 저장해요.

몸에서는 새로운 세포를
빠르게 만들어서 재생해요.

잠을 충분히 자지 않으면
건강과 운동 실력,
학습 능력이 모두
좋아지기 힘들어요.

99 누구나 딸꾹질을 하지만…

딸꾹질을 하는 이유는 아무도 몰라요.

딸꾹질을 하면 호흡을 돕는 근육들이 갑자기 수축하고 성대가 닫혀요. 그 결과 딸꾹질을 할 때 특유의 행동과 소리가 나지요. 과학자들은 딸꾹질이 어떤 과정을 거쳐 일어나는지는 알아냈지만, 왜 나는지는 아직 밝히지 못했어요.

딸꾹질이 아주 어릴 때 쓸모가 있다고 보는 과학자들도 있어요.

1. 엄마 뱃속에서 호흡하는 법을 배우는 데 도움을 주는 것일 수 있어요.

2. 아기가 위에 든 공기를 내보내어, 젖을 더 많이 먹을 수 있도록 돕는 것일 수 있어요.

딸꾹질이 전혀 쓸모가 없다고 보는 과학자들도 있어요. 그냥 선사 시대로부터 전해진 것에 불과하다는 거예요.

과학자들은 딸꾹질이 왜 나는지 모를 뿐 아니라, 딸꾹질이 나면 멈추게 하는 믿을 만한 방법도 아직 알아내지 못했어요.

100 안도할 때 내쉬는 한숨은…

허파가 쪼그라드는 것을 막아 줘요.

우리는 심호흡을 하거나 **한숨**을 내쉬어서 슬픔이나 안도의 감정을 표현하곤 해요. 잘 드러나지는 않지만, 심호흡은 우리 생명을 유지하는 데에도 중요한 역할을 해요. 허파에 있는 작은 공기주머니가 쪼그라들지 않게 막아주지요.

우리 몸의 주요 뼈

- a 머리뼈
- b 아래턱뼈
- c 빗장뼈
- d 복장뼈
- e 어깨뼈
- f 갈비뼈
- g 위팔뼈
- h 노뼈
- i 자뼈
- j 척추뼈
- k 골반뼈
- l 손목뼈
- m 손허리뼈
- n 손가락뼈
- o 넙다리뼈
- p 무릎뼈
- q 정강뼈
- r 종아리뼈
- s 발목뼈
- t 발허리뼈
- u 발가락뼈

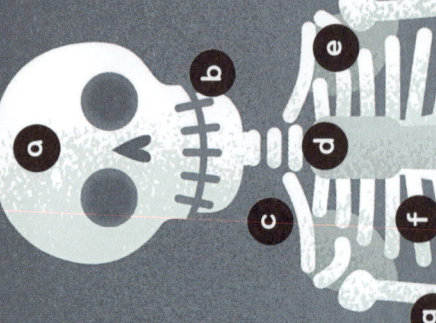

우리 몸의 주요 기관

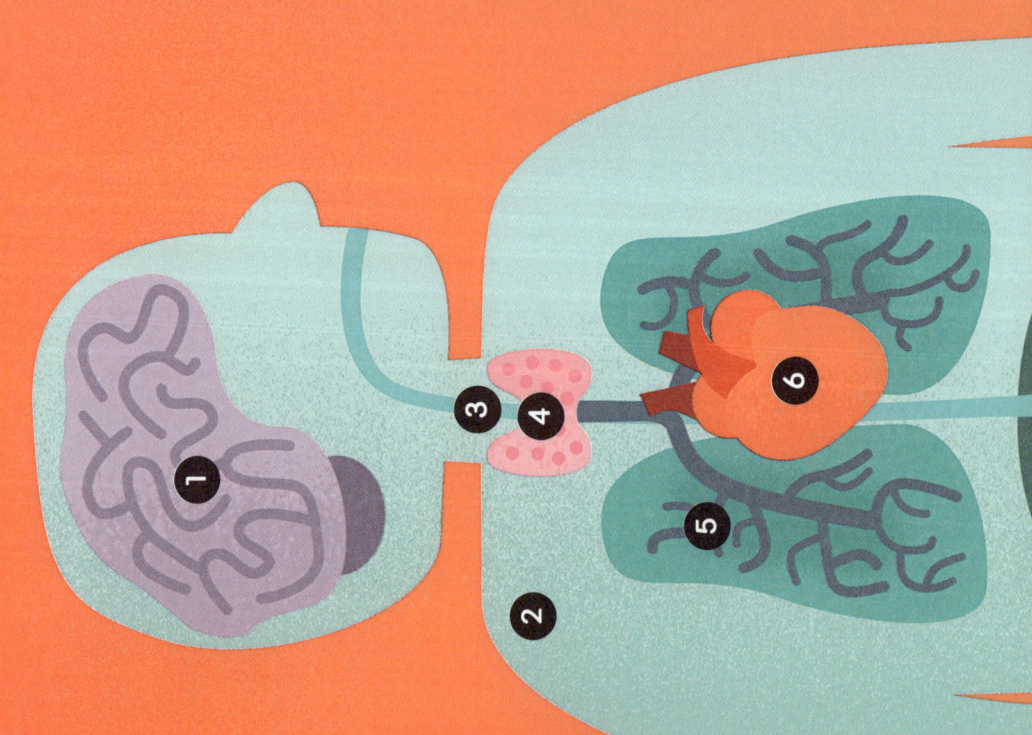

1
2
3
4
5
6

1 뇌
2 피부
3 식도
4 갑상샘
5 허파(폐)
6 심장

7 간
8 쓸개(담낭)
9 부신
10 막창자꼬리
11 이자(췌장)
12 콩팥(신장)

13 방광
14 지라(비장)
15 위
16 작은창자(소장)
17 큰창자(대장)
18 곧창자(직장)

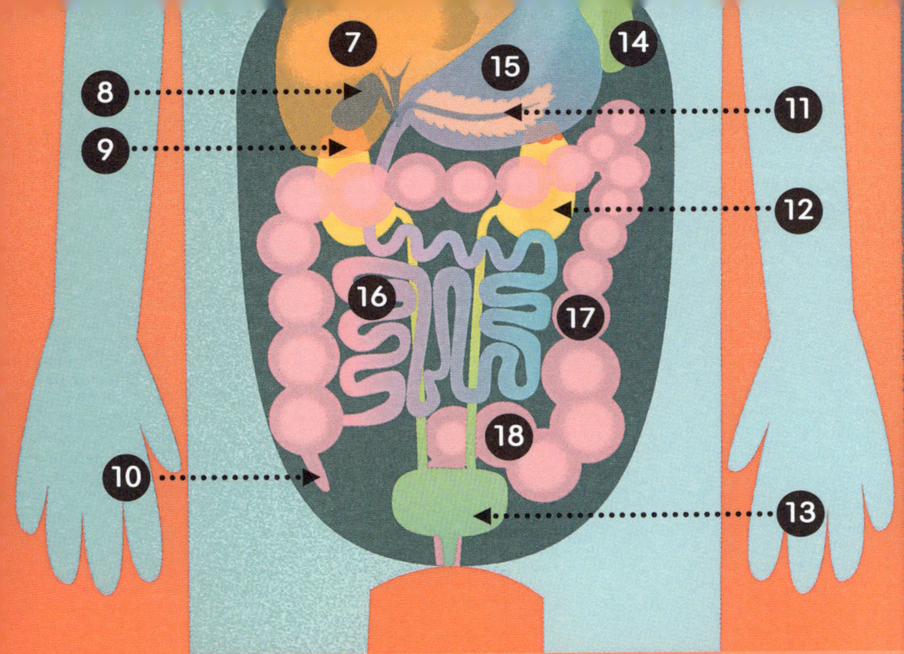

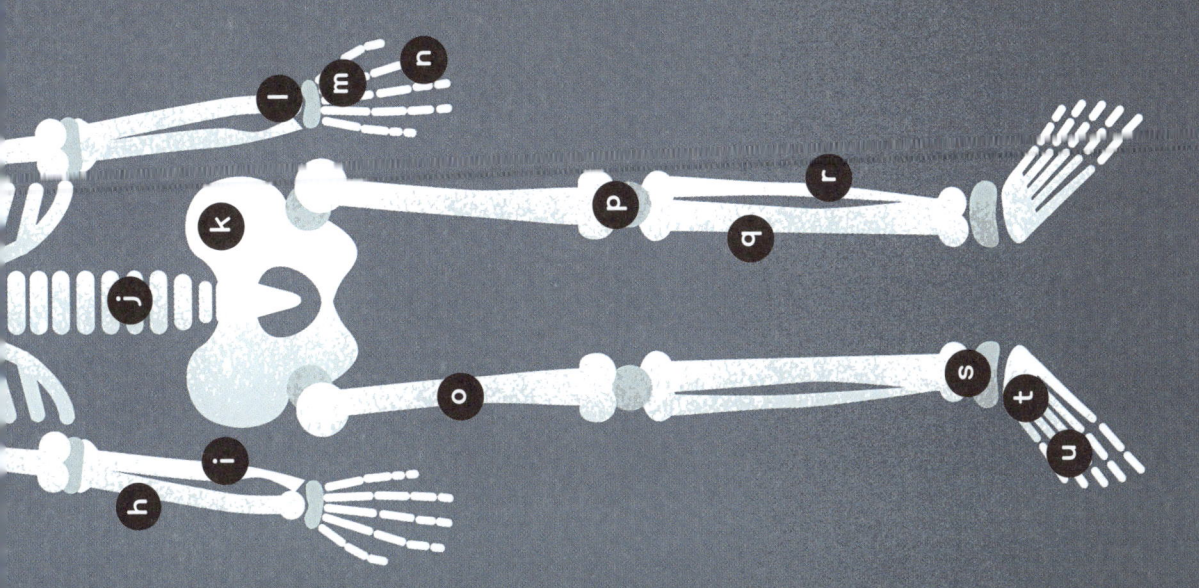

낱말 풀이

이 책에 실린 낱말들을 모아 뜻을 풀어 놓았어요. 이중에는 의사들이 쓰는 용어도 포함되어 있지요. *이탤릭체*로 나타낸 단어는 따로 풀이되는 단어이니 챙겨 보아요. 그런 다음, 123쪽에서 우리 몸을 연구하는 의학 분야에서 어떤 사람들이 일하는지 알아보아요.

감각 보거나 듣는 등 우리 몸 바깥의 어떤 자극을 알아차리거나 배고픔과 목마름처럼 몸 안에서 일어나는 현상을 알아차리는 일.

기관 우리 몸속에서 정해진 일을 하는, 대부분 부드러운 상태의 부위. 118쪽 '우리 몸의 주요 기관'에 자세히 나와 있다.

기관지 허파에 연결되는 기도.

단백질 근육 등 몸의 대부분을 구성하는 물질.

땀구멍 피부에 난 작은 구멍으로, 땀이 흘러나오는 부위.

복부 소화기관과 생식기관이 들어 있는 부위.

마취제 몸 전체나 일부가 일시적으로 통증을 느끼지 못하게 하는 약물.

맥박 심장에서 나오는 피가 동맥의 벽에 닿아 동맥이 뛰는 현상. 손목이나 목에 손을 대면 맥박을 느낄 수 있다.

면역계 우리 몸의 방어 체계로, *병균*을 찾아내 제거할 *세포*와 화학 물질을 만든다.

면역 어떤 병을 일으키는 *병균*과 싸울 수 있는 상태가 갖춰졌을 때, 그 병에 면역되었다고 한다.

바이러스 *세포*보다 훨씬 작은 미생물로, 몸에 들어오면 병을 일으킬 수 있다.

배아 아기로 자랄 수 있는 소규모 *세포* 집단.

병균 병을 일으키는 원인이 되는 미생물. 병균에는 *세균*과 *바이러스*가 속한다.

산소 우리 몸이 살아가는 데 필요한 기체 중 하나. 공기를 들이마실 때 산소가 피로 들어온다.

상피 세포 피부 바깥층을 이루는 *세포*.

샘 호르몬을 분비하는 작은 신체 *기관*.

세균 사람의 몸속에서 살아가거나 다른 사람에게 옮을 수 있는 가장 작은 미생물. 대부분은 해가 없거나 도움을 주기도 하지만, 병을 일으키기도 한다.

세포 우리 몸의 거의 모든 부위를 구성하는 기본 단위로, 확대해 보면 수조 개의 작은 방처럼 보인다. 대부분의 세포에는 *DNA*가 들어 있다.

소화계 섭취한 음식과 음료를 분해해서 흡수하는

일을 하는 신체 *기관*을 통틀어 이르는 말.

수술 외과 의사가 수술칼 등 의료 기계로 몸의 조직을 자르거나 하는 치료법.

수술칼 수술할 때 쓰는 아주 날카로운 칼. 외과 의사는 수술칼로 피부를 갈라서 수술을 한다.

수용체 몸 바깥으로부터 자극을 받았을 때 *신경계*를 통해 뇌로 신호를 보내는 물질.

숙주 생물이 기생하는 대상으로 삼는 생물.

신경계 몸 전체와 신호를 주고받는 뇌, 척수, 신경 *세포* 등의 조직으로 이루어진 *기관*.

약 사람의 몸에 영향을 미치는 물질. 대개 피를 통해 운반된다. 약은 대부분 병과 싸우는 데 도움을 주지만, 사람의 기분이나 행동에 영향을 미치는 약도 있다.

약물 병을 치료하거나 증상을 줄이는 데 쓰이는 약.

연골 뼈와 비슷한 탄력 있고 부드러운 조직으로 뼈 주위에 있다.

영양소 비타민, 광물질, *단백질* 등 건강을 유지하는 데 필요한 영양분이 있는 물질로, 음식과 음료에 들어 있다.

오줌(소변) 피에 든 노폐물과 물이 콩팥에서 걸러져 방광 속에 괴어 있다가 몸 밖으로 나오는 액체.

원소 모든 물질을 구성하는 기본적 요소인 화학 물질.

유전자 *DNA*에서 몸을 만드는 암호를 지닌 부분.

자궁 엄마 뱃속에서 배아가 아기로 자라는 *기관*.

잘록창자 큰창자의 한 부분.

재생 몸의 일부, 특히 *세포*가 다시 자라는 능력.

접종 *병균*에 면역이 되도록 하기 위해 소량의 *세균* 또는 *바이러스*를 몸에 일부러 주입하는 것.

조직 몸을 이루는 같은 기능과 구조를 지닌 *세포*들의 집합. 뼈조직, 근육 조직 등이 있다.

증상 아프거나 피곤한 느낌 등 병을 앓고 있다는 사실을 알려주는 몸의 신호.

진단 의사가 환자의 증상을 살펴보고, 어떤 병이 원인인지 판단하는 것.

창자 입에서 항문까지 이어지는, 소화계에서 중심이 되는 긴 관. 큰창자와 작은창자를 통틀어 이르는 말이다.

청각 귀로 소리를 느끼는 감각.

항생제 세균을 죽일 수 있는 약. 바이러스에는 아무런 효과가 없다.

항체 특정한 항원을 공격하여 파괴할 수 있는 단백질. 피에 들어 있으며, 면역계에 속한다.

항원 세균이나 독소 따위의 이물질로, 면역계의 공격을 받는 단백성 물질.

혈압 피가 흐를 때 생기는 압력. 혈압이 너무 높거나 낮으면, 몸이 좋지 않다는 뜻일 수 있다.

호르몬 샘에서 피로 분비되어 몸 곳곳에 신호를 전달하는 화학 물질.

DNA 몸의 모양을 결정하는 정보를 담은 화학적 암호. 부모에게서 자식으로 유전된다.

의사가 되지 않아도 아픈 사람을 치료하도록 도울 수 있어요.

의사는 아픈 사람을 진단하고 치료할 자격을 갖춘 전문가예요. 각기 전문 분야가 있지요.
또한 의사가 아닌 다양한 분야의 사람들도 우리 몸의 건강과 안전을 지키기 위해 일해요.

가정의학과 의사 환자의 종합적인 건강을 상담하고 진단하는 일을 해요. 대개 몸에 이상이 생기면 가장 먼저 찾는 의사이기도 하지요.

간호사 의사나 보건 전문가들과 함께 환자를 치료하거나 돌보는 일을 해요.

내과 의사 보통 수술이 아닌 약으로 환자를 진단하고 치료하는 의사예요.

마취 전문 의사 수술할 때 환자에게 마취제를 넣어 주거나 환자의 통증을 치료해요.

물리치료사 몸을 잘 움직이지 못하는 증상이나 통증을 줄이도록 도와요.

방사선사 병을 진단하는 데 필요한 엑스선 사진을 찍어요.

병리학자 병이 왜 그리고 어떻게 일어나는지를 연구하고, 병이 환자의 사망에 어떤 영향을 미쳤는지 진단하기도 해요.

산부인과 의사 여성의 생식 기관의 건강을 살피는 의사예요.

생물 의학 연구원 환자의 몸에서 떼어 낸 조직을 연구하고 검사하는 일을 해요.

소아과 의사 어린이의 건강을 돌보거나 질병을 치료하는 의사예요.

심리학자 사람들이 어떻게 생각하고 행동하는지를 연구하고, 정신에 문제가 있는 사람을 치료하기도 해요.

약사 병원이나 약국에서 약을 지어 환자에게 주는 일을 해요.

영양사 환자의 상태에 맞게 영양소를 조절하여 식단을 짜요.

외과 의사 수술로 환자의 질병이나 상처를 치료하는 의사예요.

응급구조사 응급 상황의 환자를 구하고, 환자를 구급차에 태워 병원으로 보내는 일을 해요.

작업치료사 장애인이 혼자서도 일상생활을 할 수 있도록 도와요.

정신과 의사 정신의 문제나 병을 진단하고 치료하는 의사예요.

조산사 임신과 출산 때 처치를 보조하고 엄마와 아기를 간호하는 일을 해요.

채혈사 환자의 혈액을 뽑는 일을 해요.

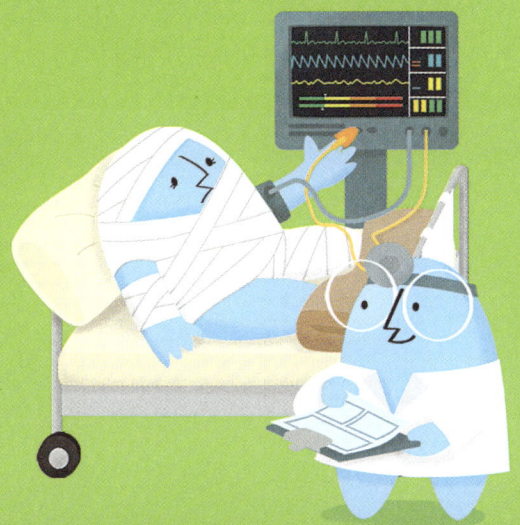

찾아보기

ㄱ
가자미근 27
간 45, 67, 98, 110
간질 38
갈비뼈 105
감각 82, 83, 108-109
감기 20
감정 30, 117
거짓말 탐지기 107
고산병 72-73
고유 감각 109
곧창자 13
골수 23
공감각 82-83
광물질 104
구토 20, 55, 72
귀 14, 41, 56-57, 74, 82, 94, 106, 109
귓돌 94, 109
균형 38, 46, 54, 94, 104, 109
근육 7, 9, 10, 11, 15, 26-27, 53, 61, 63, 67, 70, 109, 110, 114-115, 116
근육계 9
금 29, 39
금속 12, 29
기관 8-9, 10, 13, 52, 61, 71, 83, 95, 98, 104
기억 115
기체 15, 62, 99
기침 7, 20, 34, 78
깨물근 26
꿈 4, 115

ㄴ
난자 9, 96, 97

ㄷ
납 29
내분비계 8
내시경 91
냄새 82-83
넓은등근 26
넙다리빗근 27
뇌 7, 8, 24, 34, 38, 41, 43, 50-51, 53, 60, 67, 71, 72, 79, 81, 82, 83, 88, 94, 98, 103, 108, 114-115, 117
눈 7, 18, 30, 41, 45, 50, 59, 68, 75, 88, 95, 107, 110
눈물 30

ㄷ
당뇨병 46, 47
당분 46
도파민 53
독성 29
동맥 10, 48-49
동상 74
딸꾹질 116
땀 54-55, 93, 102, 107
똥 13

ㄹ
림프관 9
림프종 61

ㅁ
마취제 99
말라리아 19, 21
맛 82-83, 109
맛봉오리 110
맥박 32-33

ㅁ
머리카락 4, 66, 77, 84-85
메리 몬터규 부인 87
면역계 9, 86
모낭충 59
모세 혈관 10, 48
목 36, 91
목소리 35, 77
문신 37
물 5, 12, 101, 104

ㅂ
바이러스 20, 44, 113
발 15, 18, 27, 41, 46, 103
발가락 15, 64, 74
방귀 62
배내털 111
배뇨계 9
배아 88, 96, 97
백신 접종 87
백혈구 23, 93
백혈병 19, 61
별자리 18
병 19, 20, 21, 33, 36, 37, 53, 55, 61, 72, 80, 86, 87, 101, 102, 103
병균 20, 44, 86, 87
봉합 90
비소 29
비타민 102
빌리루빈 45
뼈 9, 22, 23, 59, 70, 105, 106, 110
뼈대 9, 59, 67, 106, 115

ㅅ

산소 6, 8, 10, 23, 28, 33, 42,

72-73, 74, 78, 117
상아질 39
샘 8, 43, 56, 59, 61
생물 발광 75
생식계 9
생체 시계 24-25
설사 20
성대 15, 34-35, 116
세균 13, 15, 20, 44, 56, 100, 102, 112-113
세포 16, 17, 23, 28, 56-57, 61, 74, 106, 110
세포질 28
세포핵 16-17, 28
소름 11
소화계 9, 88
속도 7, 56-57
속임약(플라세보) 53
손 20, 41, 70, 74, 105
손가락 40, 68, 70, 74, 105
손가락 끝 70, 71, 74, 103
손목 59
손톱 5, 77, 88, 110
수소 28
수술 18, 52, 64, 79, 90, 99, 106
수술칼 53, 111
수염 68, 92
수은 29
슈퍼 세균 113
시각 108
시체 15
시험관 수정 97
식도 12
신경 7, 36, 43, 53, 71, 82
신경계 8
심장 4, 8, 10, 31, 33, 49, 63, 67, 71, 80, 88
심장 박동 107, 115

심혈관계 8
쌍둥이 96, 97
쓸개 18, 37, 98

ㅇ

아기 9, 34, 59, 78, 88, 89, 95, 96, 97, 111
아드레날린 42, 43, 93
암 19, 61
암종 61
약 19, 47, 53, 54-55, 60, 99, 100, 101, 112-113
약초 19, 55
어지럼증 33, 73, 94
에드워드 제너 87
엑스선 59
엔도르핀 53
연골 14, 22, 59, 106
염색체 17
오줌 9, 104
우라늄 29
웃음 가스 99
원소 28, 29
위 9, 12, 71, 91, 98, 116
위궤양 12, 102
위돌 52
위산 12
위주름 12
유전자 16
육종 61
은 29
음식물 9, 12, 13, 20, 26, 65
의사 53, 80, 87, 90, 91, 101, 102
이(치아) 14, 39, 64, 99
이자 46, 98
인슐린 46, 47
입 14, 77, 81, 88

입술 103

##

자가 면역 질환 44
자궁 88, 97, 111
자율 신경계 43
자폐증 58
작은창자 12, 13, 98
잘록창자 13
잠 4, 93, 114-115
재채기 20, 34-35, 41
적혈구 23, 110
전기 충격 63
점액 12, 54
접종 86, 87
접합자 96, 97
정맥 10, 48
정자 9, 96, 97
젖꼭지 69
조현병 38
존 스노 101
종양 61
줄기세포 23
지라 98
지방 13, 23, 110
질소 28

##

착시 50-51
창자 9, 62, 80, 109
척수 43
척추 원반 22
척추뼈 22, 105
천공술 79
천문도 18
천식 80, 102

천연두 87
청진기 80
철분 29
청각 108-109
체액 54-55, 80
체온 24-25, 32-33, 74, 81
촉각 103, 108
출산 78, 99
치아 교정기 64
침(saliva) 5
침(needle) 36
침술 36

ㅋ

카페인 60
코 30, 41, 64, 74, 77, 81, 88, 106
코 성형 수술 64
콜레라 101
콩팥 67, 71, 98, 104
큰볼기근 26
큰창자 13, 98
키 22, 76

ㅌ

탄소 28
턱 26, 57, 65
턱끝 68, 69
털집 59, 66
템플 그랜딘 58
통증 7, 19, 36, 37, 71, 81, 99
티타늄 29

ㅍ

팔 18, 26, 70, 71, 102

포도당 46
포옹 기계 58
피 7, 8-9, 10, 21, 23, 31, 45, 46, 48-49, 54-55, 60, 63, 67, 69, 74, 78, 80, 93, 102, 104
피부 5, 11, 14, 20, 67, 90, 93, 103, 110

ㅎ

학습 114-115
한숨 117
항문 88
항생제 112-113
항원 44, 86, 87
항체 44, 86
허파 4, 8, 10, 72-73, 78, 80, 98, 117
허파 꽈리 117
혀 40, 77, 110
혈관 8, 10, 23, 42, 46, 48-49, 72, 74, 81
혈소판 23, 93
혈압 32-33, 48, 107
혈장 23
호르몬 8, 24-25, 30, 36, 42, 53, 93
호흡 8, 10, 32-33, 42, 43, 54, 73, 107, 115, 116
호흡계 8
홍조 42
환각 38, 72
활력 징후 32-33
황달 45
황열병 102
효소 46, 98
히포크라테스 61
힘줄 70

DNA 16, 17, 28, 47, 96
3D 프린터 106

인터넷에서 자료 찾기

어스본 영문 홈페이지에서 바로가기 링크를 살펴보세요. 우리 몸에 관한 놀라운 사실들을 더 발견할 수 있어요. 다만 연결되는 웹사이트는 모두 영문으로 제공됩니다. 어스본 바로가기(usborne.com/quicklinks)에 방문해서 검색창에 '100 body things'를 입력해 보세요.

우리가 추천하는 웹사이트에서는 다음과 같은 일들을 해 볼 수 있어요.

- 뇌를 혼란에 빠뜨리는 착시 그림 보기.
- 적혈구를 따라 몸속 구석구석을 돌아보기.
- 죽은 피부 세포에 사는 작은 집 먼지 진드기 찾기.
- 뇌의 여러 부위가 어떤 일을 하는지 알아보기.

어스본 바로가기에서 추천하는 웹사이트의 내용은 계속 새롭게 바뀔 거예요. 하지만 어스본 출판사에서 직접 자료를 올리는 것은 아니라는 사실을 알아 두세요. 어린이가 인터넷을 사용할 때에는 부모님이 지켜보시면서 지도해 주시는 것이 좋아요.

어스본 출판사는 어스본 바로가기 이외의 정보 이용에 대한 법적 책임을 지지 않습니다. 또한 추천한 웹사이트에서 발생하는 바이러스 피해에 대해서도 법적 책임이 없습니다.

한국어판 1판 1쇄 펴냄 2017년 6월 1일 | 1판 9쇄 펴냄 2021년 4월 30일
옮김 이한음 편집 김산정 디자인 김혜림 펴낸곳 (주)비룡소인터내셔널 전화 02)6207-5007 팩스 02)515-2007
한국어판 저작권 ⓒ 2017 Usborne Publishing Ltd.

영문 원서 100 THINGS TO KNOW ABOUT THE HUMAN BODY 1판 1쇄 펴냄 2016년
글 알렉스 프리스 외 그림 페데리코 마리아니, 대니 슐리츠
펴낸곳 Usborne Publishing Ltd. usborne.com
영문 원서 저작권 ⓒ 2016 Usborne Publishing Ltd.

이 책의 영문 원서 저작권과 한국어판 저작권은 Usborne Publishing Ltd.에 있습니다.
저작권법에 의하여 한국 내에서 보호를 받는 저작물이므로 무단전재와 복제를 금합니다.
어스본 이름과 풍선 로고는 Usborne Publishing Ltd.의 트레이드 마크입니다.

책 한 권을 만들기 위해서…
다양한 분야의 사람들이 함께 일했어요.

조사 · 글
알렉스 프리스
미나 레이시
조너선 멜모스
매튜 올덤

전문 감수
크리스티나 라우스 박사

시리즈 편집
루스 브로클허스트

책임 편집
제인 치즘

디자인
매튜 브롬리
프레야 해리슨
렌카 흐레호바
비키 로빈슨

그림
페데리코 마리아니
대니 슐리츠

시리즈 디자인
스티븐 몽크리프

책임 디자인
메리 카트라이트